簡單住好宅

林金郎◎著

陽宅革命的濫觴

郭漢辰

學術肯定，終於出版

認識金郎以來，最欣賞的除了他博學多聞、創作力豐沛外，更難能可貴的是，他始終運用現代與科學的觀念去重新架構、詮釋許多易理方面的問題，並賦予它們理性的時代意義與運用價值，說這是一種「易理新運動」也不為過。這本書也維持他這樣的態度，本書探討的重要議題便是：陽宅。

金郎從大學時代便浸淫中國哲學，而且一直希望在眾說紛紜，但又系統龐雜的陽宅、信仰領域裡，建立一套科學系統。經過多年的研究，民國九十七年他的陽宅論文〈探究中國大陸的陽宅原型〉發表於台灣的權威雜誌《歷史月刊》五月號，因為受到專家的學術肯定，他才正式陸續將這麼多年來在科學自然陽宅上研究的成果發表於自由電子報專欄，接受社會大眾的檢驗，可見他治學的嚴謹。

環保時代的陽宅體系

在「科學自然陽宅」方面，金郎將目前派別眾多的陽宅學，經過系統的方法研究分析後分成四個層次：「一是實際自然、地理、氣候的因素；二是陰陽、倫理的因素；三則是又再度演繹，變成習俗或禁忌的因素；四是加入數術之後的玄學」。據此，也就不難知道，陽宅處理的原則：「實際的問題應該用物理的方法處理；哲學的問題應該用信仰的方法處理；禁忌的問題應該用吉祥的方法處理；數術的問題則可以採取保留態度。」就如書中所說：「實際的淹水問題掛十個鎮瀾符也無法免於不氾濫，而禁忌的問題大興土木也只是浪費金錢精神而已，所以解決方法應該適得其所。」「陽宅要裝修到面面俱到，幾乎是不可能，此時應該以實際問題、哲學問題、禁忌問題的順序來處理，不可本末倒置。」這個科學而不迷信的觀念，值得重視陽宅的現代人省思。

此外，對於林林總總的風水沖煞問題，金郎也歸納出了五大類，並說明陽宅的沖煞就是風水的室內版，果真讓人一目了然，一通百通，不再霧煞煞，但本書也以理性的原則說明，我們應該去釐清，沖煞的大小、距離、效應是否真的構成影響？然後再根據上面的陽宅處理原則來解決，同時更提出了十二種輕重緩急各不相同的處理方式。金郎這個崇尚科學與自然，不陷入術數玄理的態度，讓我們可以盡情利用自然能量來充沛陽宅，這在個注重環保、呼籲拯救暖化、減碳的當代，是很重要的觀念。

　　此外，金郎也以自然科學原則將陽宅分成十一種格局，這十一種格局原則上是通用的，但其實每個人又有個別的特質，所以偏好的格局也不盡相同，但他又貼心的以每個人的工作、紫微星曜來分析個人偏好的格局，讓人有所遵循。

樂見陽宅邁向新紀元

我很樂見風水、陽宅能擺脫迷信、禁忌、數術的層次，透過學術化與現代化的方法，使它進入「新陽宅」運動的層次，我也樂見這項漢民族特有的文化，能成為我們生活智慧的一部分。

（本文作者：郭漢辰，成功大學碩士、資深記者、作家。）

探求民俗與天機的樂趣

　　有一天，我在一座廟宇裡看到一個奶奶帶著一個小孫女上香，我聽見稍微駝背的奶奶在祈求全家平安，而小孫女卻抱著一個巧虎布偶祈求巧虎平安。剎時，我是多麼感動！如果每個人都不是爲自己而是爲心愛的人著想，我們的世界會是什麼樣子呢？

　　後來我相信，神明會賜給她們更多的幸福和平安，因爲他們善良，或者說，這個幸福和平安是他們自己給自己的，神只是幫他們做了見證和力量的反照。

　　二〇〇三年底，我有幸出版了《紫微很簡單》與《易經很簡單》兩本書，更幸運的是，這兩本書甫出版，便各進入「金石堂」暢銷書排行榜紫微類與易經類第一名，並在半年後陸續二刷、三刷，同時也收到很多前輩的推薦、讀者的賜教，很多學校及圖書館也都購爲藏書，讓我深深感動。

　　接下來這些年，我一直致力在文學與哲學的耕耘，但文友或出版社來詢問的，卻大部分都是命理的問題，

或許這個時代確實存在著一些令人頭痛的現象，讓人們有些迷惘。但令人可喜的是，讀者們大多很能接受我理性的命理觀念，譬如，我從不認為命理是一種絕對的宿命，我們可以透過創造來改變一些先天的機率；又例如，當運勢不好時，透過正信的修行和信仰可以讓我們獲得平安，並不需要去藉助一些鬼鬼神神的法術，反而引鬼入宅；又例如，雖然風水存在磁場的力量，但一個小小的放大鏡就能聚光引火，那我們又何需大興土木？況且大興土木後，帝王將相又有誰富過三代？

　　所以，只要觀念正確，略加美化，簡單生活就能好運到，生活中也增添了一些情趣；如果觀念不對，汲汲營營，也是一場空，甚至反而害了卿卿性命。

　　在本書裡，探討了陽宅的議題，也提出了生活中如何運用這些民俗的方法，好讓我們在簡單生活中就能改變運勢。一如以往的，我還是提出很多我考證與研究的結果，希望建立或導正一些觀念，表示這些祖宗的老智

慧並非迷信，但最主要的，還是我們看待以及運用它們的態度。譬如，我便反對將人分類，然後據此來尋找適合的方位，因為這會出現夫妻、長幼、上下等各人需求不同的情況，傳統上此時便以長、以夫、以男為主，這便是非常不符合倫理的觀念！所以本書便不提倡這種觀念，而是以實際的自然、地理、氣候、精神、心理、倫理乃至信仰與習俗的角度來衡量「所有人都普遍適用」的陽宅法則，我想這才是陽宅的科學與王道精神吧。

此外，為了讓讀者更方便運用這本書，找到自己適合的陽宅，所以我也提供了紫微命盤的對照法，讀者不需要任何紫微常識，只要對照附表上的主星，便能了解自己是屬於哪一個類型，因而很快找到自己的所屬的好運。

借一句年輕人的流行語：「要幸福喔！」祝福大家，是以為序。

林金郎 2012元旦

目錄
Contents

目錄
Contents

目錄
Contents

第一篇

原理篇

■陽宅理論並非沒有根據，它共有四個層次：
一是自然、地理、氣候的因素；
二是陰陽、倫理的因素；
三是又再度演繹，變成習俗或禁忌的因素；
四是加入數術之後的玄學。
我們應該正本清源以科學方法和理性態度
求得確實適合人類居住的陽宅學，
不要斷章取義、籠統混雜，淪為迷信。

沒有滿分的陽宅，
只有適合的陽宅

一 滿分的陽宅

「陽宅」在華人世界向來備受重視，滿分的陽宅風水條件，據作者歸納可分為下列三個條件：

1.外部地理大環境

「位於木翠花麗之處、土壤潤澤但石無苔蘚；夏吹南風、冬吹北風；北方有山、南方有水；龍高虎低，左動右靜；地勢略高、面平坦；前開闊、後屏障；前後無懸崖、左右無斷層。」

這是以大區域來考量，衡量單位為地理區或城鎮，主要影響因素為周邊的山川、地形、水勢、風向、自然氣候等。陽宅不能只注重建物本身的格局，如果外部地理大環境不良，那建物再好也是枉然，所以有經驗的師父都不會只單看屋宅本身的建築，還會觀察附近的地形地物，意即在此。

木翠花麗代表這個區域有生物成長的良好條件，當

然也適合人居住；土壤潤澤但石無苔蘚，表示該區濕度適中，不會太濕，也不會太燥，居住起來很舒適；夏吹南風、冬吹北風是標準風向，適合做標準格局的陽宅興建；北方有山、南方有水，是要用來擋冬天的北風，以及迎夏天的南風，這時水流朝東更佳，因爲漢族地勢西高東低，水朝東適合排水，同時東邊是日出吉地，水朝東邊是流向吉處；龍高虎低，左動右靜，龍邊即座北朝南時望出去的左邊，也是東邊，虎邊即座北朝南時望出去的右邊，也是西邊，東邊爲日出之方，所以爲貴，故要略高，主活動，西邊爲日落之方，所以爲卑，故要略低，主休息；地勢略高、面平坦，並非住在土壘或山丘上的意思，地勢略高有居高臨下的尊貴感，同時也可避免動輒淹水，地面平坦蓋出來的房子地基才會定固，人的活動才會安穩；前開闊、後屏障，也是爲了迎夏風、擋冬風，同時前方開闊有利出入運輸，後有山丘樹木屏障，易於防止盜賊入侵；前後無懸崖、左右無斷層，表示此地非居於斷層或崖邊，所以地震時較安全，如果發生天災人禍也不會逃生受阻。

2.陽宅所在的位置

「陽光充足、風和水澤；天空開闊、日月星辰皆能照耀；周邊景境皆具靈氣來朝、沒有刑煞沖剋來會；地

質實而不鬆、亦無酸土鹽砂；無陰寒之氣滯淤，但有陽氣磁場活旺。」

　　大環境選好了，就要選蓋屋之處的局部地點。陽光充足、風和水澤，有的地方被周邊的高樹、高物、高樓擋住陽光、氣流，氣場不易流通，便是不佳之處；天空開闊、日月星辰皆能照耀，表示建地不受遮蔽，能接受到天空日月的照射，如此方能接受天地精華，也才不易被晦氣陰煞所盤據；周邊景境皆具靈氣來朝、沒有刑煞沖剋來會，周邊有學校、公園、正廟、綠化園區、圖書館……等，就有好的生活品質和精神影響，反之如果是廢棄場、高塔、處理場、交流道……，就易受到干擾而心神不寧；地質實而不鬆、亦無酸土鹽砂，紅土、軟礫石、黏土的土質適合建屋，地基穩，砂地、沼地、沖積地、山坡地、涵水量高土質不適合建屋，地基易傾陷，此外，建物蓋在酸性及含鹽高的土地上，對人體不好，這時可觀察地面植物成長狀況來判斷；無陰寒之氣滯淤，但有陽氣磁場活旺，「氣」指的是自然能量：金（金屬）、木（樹木）、水（水分及濕度）、火（陽光）、土（綠地），搭配得當，磁場旺盛，萬物生長，人精神佳，搭配不當陰氣森森或此旺彼衰不協調，人住了自然也不舒適。

3.陽宅本身建物格局

「納氣藏風、天圓地方、陽氣充沛；屋宅高、格局正、門楣闊、窗櫺明而不露、動線曲而不直；座北朝南、前水後山；左青龍、右白虎；口大後小、前低後高；前庭後院、四周防護周詳；土木（植物）流水活化磁場、五行方位搭配合宜；各種吉祥象徵匯聚，但不奪吉第光彩。」

大環境和建築地點選好了，最後要注意建物格局，這在本書中會詳提，先不贅述。

二 選擇合適的陽宅

雖說有滿分的陽宅條件，但事實上，滿分陽宅可能不存在，因為環境是因地而異的，而陽宅當然也要「因地制宜」，譬如漢族的大河「概括上」是往東流沒錯，但局部而言，河流流向是彎曲而不規則的，局部上不一定往東流，而臺灣的河流就往西；此外，季風的風向往往也因局部地形而不同，沒有一定多吹北風，夏吹南風，所以不要不明就裡，陷於教條而盲從。

此外，每個人要求的陽宅特性並不相同，並非得了滿分陽宅就是最好，譬如帝王之器的人講究王位，但倘若是輔佐特質的人，如孔明、劉伯溫若佔了王位，是否

適得其反，反惹殺身之禍呢？又如有人需要多點「水」即可大幅注挹運勢，那何必引土相剋？再說，一個小小的放大鏡只要放對位置便能聚光引火，那又何必耗費不貲的整治整套風水？更何況，縱使王者得王位，也是亢龍有悔，苦苦支撐，或榮華太過，反引人鬼覬覦。所以很多人花了大錢修整陽宅風水，卻還是落得事業破敗，這無非也是原因之一——世間事物沒有最好的，只有適合自己的，風水陽宅當然也一樣，布置一個適合自己的陽宅才能如虎添翼，好但不適合自己的風水，只會成為沈重的包袱。

而且，好的陽宅並不一定要花大錢整修，堪輿派別眾多，而且各說各異，根本無法十全十美，所以本書不談抽象玄理，但以實際的自然、地理、氣候、風向、動線，以及空氣、陽光、水，和精神、心理等共通的層面，介紹一個大家都適用的普同性原則。

本書除了介紹陽宅的普遍原則，讓大家可以布置一個吉祥喜氣的屋宅外，也針對每個人的特性來做說明，什麼樣的風水，才是您最需要的，如此便能對症下藥，為自己布置一個合適的幸福之屋了。所以，這裡也利用了紫微命盤，您不需要任何紫微常識，只要對照命盤中命宮或田宅宮的主星，再搭配您現在的工作，就知道您適合哪個格局的風水。您可以在入口網站搜尋「免費命

盤」，那裡有很多可以免費列印紫微命盤的網站。

　　此外，本篇更要用科學的方法告訴您，不用大興土木，透過適當的裝潢、修飾、擺設、美化就可以設計好陽宅了，讓生活多點情趣，少點憂慮，家中好運自然就旺旺來！讓我們一起開始來布置一個美滿之屋吧！

第一章

探究風水原型

　　漢民族風水不是迷信之學，不過當然也不是萬靈丹，那我們應該如何去看待風水呢？本章目的即在探討漢民族風水的「原型」，包括它是如何從實際的地理、氣候以及精神、心理等共通的層面所形成，但在發展的過程中，它是否又被斷章取義，甚至過度解釋，變成術士之學？我們應該如何理性看待它？以下是漢民族地理的風水原型圖，後再逐一解釋。

◆ 一 漢民族風水的原型

1.座北朝南、前水後山

　　漢民族風水之學並非憑空胡亂產生，它是先民生活以及生存的經驗，並加入倫理、禁忌所成。

　　首先，就地球而言，陽光每天從東方升起，再轉至南方，在夏天，此時是上午，因爲經過了一夜的散熱，上午的天氣還不會太熱，但到了下午後，土地吸夠了熱量，陽光再轉到西方時，午後的「西照日」就夠燠熱的了。就冬天而言，因爲陽光遠離，天氣寒冷，家戶都緊

閉門戶，把屋宅包得緊緊的。此外，春天來臨時，太陽會從南邊慢慢北移，大地終於回春；而冬天時北方陽光先退去，慢慢越退越南。

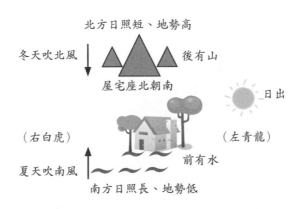

北方日照短、地勢高

冬天吹北風

後有山

屋宅座北朝南

日出

（右白虎）

（左青龍）

前有水

夏天吹南風

南方日照長、地勢低

　　而就整個漢民族地理與氣候而言，可分成華北、華中、華南三大部分，華北冬天吹西北風、華中吹北風、華南吹東北風（總括為北風），而且漢民族地勢北高南低，冬天的北風就延著下坡長驅直入了！夏天時，則風向剛好倒過來，這時吹南風。

　　綜合以上的地理與氣候可以得知，屋宅如果「座北朝南」──大門或主要採光窗向南，而且要大，這樣屋宅就可以接受早上和整年的陽光；而後門、後窗則要

小，甚至砌上圍牆亦無妨，因為這樣多天就可以把酷寒的北風擋在門外！

這樣的觀念當然是十分科學的，但以往民智未開，說多了人家也聽不懂，所以便會用哲學和風水的觀念來解釋：南方屬陽，北方屬陰，所以應該座北朝南，大門洞開，後門狹小，前者可以納氣，後者可以藏風，如此便可「納氣藏風」，屋宅興旺，這樣的說法倒也合理。後來的人便又引申出，前門大進財，後門小不會露財。

此外，屋宅如果在座北朝南原則下，最好還要前有水、後有山，就地理風向而言，夏天吹南風，門前有河就可以把水氣帶入大大的門宅裡，一家子清爽無比；後有山，這樣多天北風入侵時，便有山擋住，一家子便可免於「喝西北風」了！而這個模型其實也是跟漢民族地理相符的，因為漢民族北方是高旱地、南方是低濕地。以上如果用哲學和風水的觀念來解釋便是：前有水帶來氣場流動，可以納風，後有山可以藏風；如果屋前沒有河流，湖泊、池塘、水田亦可（但不要是一潭死水），如果後無山，小丘、樹林、高地亦可，這倒也合理。後人便又引伸在前面開水池、在後面興圍牆。

漢民族陽宅哲學座向重要原則便是「納氣藏風」——讓人類生存的三大元素：自然陽光、新鮮空氣、適當水分進來，便是「納氣」；進來後不要馬上溜

走便是「藏風」，比如風從前門進來，立即從後門或四周出去，便表示讓人一眼從屋頭看到屋尾或室內空蕩蕩的，這當然不好，沒有安全作用，所以家裡要擺設的有保護、屏障的感覺，但很多人誤以爲「藏風」就是鎖死不要通風、不要排氣，這當然是錯的，這樣不但安全堪虞，而且屋內氣流不良，無法新陳代謝，人便無法吸收新鮮的大自然元素了。

2.左青龍、右白虎、前低後高

在座北朝南的原則下，左邊其實就是東方，右邊就是西方。左（東）邊是日出之地，大門與主要窗戶開在此，一早便可接受陽光，而且如前所言，早上陽光並不熱，所以適合當成全家活動的主要區域，而且擴建、主要活動在此方，也因此，漢民族向來以左爲貴。反之，右（西）邊，不但是午後之地燠熱難當，同時日落後也要休憩了，所以這裡可以當成堆積、休息的區域，擴建、活動不太適合。而這又與漢民族的地理相符，漢民族地理東方是平坦之地、水地、海洋，適合工商等活躍活動；西方是高原之地、峻嶺、山地，不適合活動。而這也可以用哲學和風水的觀念來解釋：東邊屬陽，所以主動，龍從水，所以稱爲「左青龍」；西邊屬陰，所以主靜，虎從山，所以稱爲「右白虎」。後人又引伸爲，

面向外的左邊是青龍，該擺成門、動線區，並且地勢高會比較旺；右邊是白虎，應該擺成固定區，地勢應該比較低，才不會拉抬陰氣壓陽氣。

除了座北朝南、前水後山、左青龍、右白虎，漢民族風水也講究地勢「前低後高」，這也是有根據的。因為前低後高，陽光、夏天的風才能吹入，若為前高後低，陽光、夏風便被擋住；而冬天吹北風時，後面高可以擋住冬風，如果後面低，北風剛好長驅直入。這當然也與漢民族地理模型有關，因為漢民族地理本來就是北高南低。前低後高還有一個很好的功能，便是易守難攻，在古代極具戰略功能。後人於是又衍生風水就是要高，而且後面要更高，運勢才會走高。

3.風水四個層次與反省

綜合以上可知，所謂「風水」有四個層次：一是實際地理、氣候的因素；二是陰陽、倫理的因素；三則是又再度演繹，變成習俗或禁忌的因素；四是加入數術之後的玄學。

從第一層實際地理、氣候來說，漢民族風水是有根據的，而且這樣的規劃確實最適合人居處。但是，漢民族這個地理、氣候的風水原型是一個「總論」或「概念」，但並非適用任何情況，很多時候，還是應該以

「個案分析」為主。譬如，雖說夏季吹南風，但山丘、懸壁、巨大建築、樹林、巷弄等地勢、地形、地物，都會使季風轉變成局部地形風，因而改變風向；又如海、大水（江河、湖泊）周邊，會出現早上吹海風，晚上吹陸風的對流風，也會使風向改變！又如現代都會的建築高大又毗鄰節次，巷弄彷若迷宮，季風一吹來便散了，東街與西街各家吹的風向都各自不同。

以實例來說，台灣夏天都會遭颱風侵襲，而颱風多從東邊來襲，所以宜花東三地受災最重，而台中地區因為東邊有中央山脈阻擋，所以受創機率低許多，此時，山在東邊反遠利於山在北邊！此外，三國時代的赤壁之戰，也因為地形風和對流風的關係使風向改變，因而使曹軍大敗，歷史因而改寫。

所以，風水還是應該視當地實際的情形來設計，讓自己活得最舒服，而不是削足適履，犧牲自己的舒適去迎合一個風水概論。

從第二層陰陽、倫理來說，風水的結構也算貼切，因為漢民族的陰陽哲學也是根據漢民族的氣候與地理而產生的。但比較遺憾的是，這「整套」風水模型有被斷章取義之嫌，因為漢民族風水的最根本原則是「座北朝南」，在座北朝南前提下，前水後山、左青龍、右白虎、前低後高等原則才成立，如果不是座北朝南，去講

究其他原則根本沒有意義，甚至剛好適得其反！譬如，屋宅剛好相反是「座南朝北」而非「座北朝南」，而此時去講究前水後山、左青龍、右白虎、前高後低，則效果剛好完全相反，接納到的全都是陰氣，而非陽氣！

　　至於第三個習俗或禁忌因素，則更有待商榷了，因為風水除了被斷章取義外，還被做過分、不當的延伸，如屋宅地勢高則運勢高，於是很多人競相將自己的地基墊高，結果挑高反而壓低，讓人有壓迫感；後門要小以便留財，於是很多人將後門封死，造成出入不便乃至危及居家安全；屋宅喜前有水後有山，於是很多豪宅喜歡挖水塘、做假山，可是一點實際效用都沒有；門要開左（龍）邊，所以大興土木封右門開左門；大門要朝南，所以屋宅的大門便歪了一半……。無疑的，這些都是斷章取義後以訛傳訛的結果，而且效果剛好適得其反，甚至造成屋宅結構的破壞或破相，只有得不償失。

　　至於第四個層次，又加入更多數術的玄學（如：干支、納音、八卦、九宮、飛星……等），演變成每個人有各自不同的適合居住方位，甚至適合方位隨時都會轉變，這樣一搞，反而破壞了風水原先的科學性和普遍性，變得術數化的風水還會飛來跑去，不但毫無科學根據，甚至違反生物原則，而且人類追風水就來不及了，還有時間做正事嗎？所以就不理也罷。在此只鼓勵遵從

風水原型和倫理精神，讓每個家庭或團體成員都適合同樣的風水，而不是每個人適合的方位都不一樣，因而一家人弄得雞飛狗跳，離心離德，陽宅風水未蒙其利，先受其害。

因此，現代理性的陽宅觀念應該是，我們必須去了解風水原型的全盤真切意義何在？有的可以吸收，有的只要稍做修建裝飾即可，有的甚至可以不用太在意，大可不必聽信什麼「……否則家破人亡」之語，因而大興土木，也沒見過因為風水好而富過三代的。因為以前民智未開、屋宅簡陋，利用禁忌來教人用自然氣候增加屋宅的舒適，或恐嚇人加強房舍補修增強，倒也無可厚非，但今非昔比，鋼筋水泥的屋宅都有一定的防護力，若相信大門開在右邊就會到大楣，也未免言過其實。

二 風水的沖煞

風水除了講究前節的地理「座向」外，也講究本節討論的「沖煞」，「座向」是因應漢民族整體地理、氣候產生的影響，「沖煞」則是局部地形、地物產生的影響。詳細的沖煞情形可見「府邸格局」一章的「忌沖」一節。沖煞並非沒有道理，譬如，路沖易發生車禍；獨高之物易受雷擊；尖角易形成物理聚電及尖端效應（如

圖）；面對不祥、尖銳之物，除了心理壓力，也易被撞擊成傷……

聚電及尖端效益一：獨高，尖（有角）者尤然

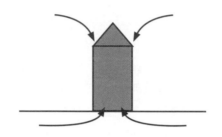

獨高容易吸收周邊天空能量因而招雷擊，
也易攏聚周邊地面能量

聚電及尖端效益二：樑、天花板下墜尖物

水分會聚在板子向下的橫條或突出物上然後滴下，
猶如天花板上的樑和突出物會聚氣、洩氣，造成壓力

聚電及尖端效益三：牆角或壁角

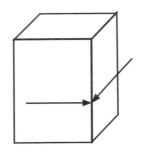

能量會往尖端集中，
或者兩邊的氣流會流向壁角聚集

　　古代徵驗並非沒有道理，但是否有被盲目保留或誇大之嫌？譬如，古人不喜樑，因為樑承擔整個屋頂的重量，也承擔屋宅的橫向結構重量，古時建屋技術又不如今日精密，日久失修，待在樑下果真是危機四伏！但今日的樑除了壓低讓人產生壓迫感外，其實並無危險之處，如果說它突出因而容易聚電或形成尖端效應，其實它的能量可能也不及一台時常擺在面前的電腦強吧！又如屋宅外的牆角確實會讓兩邊的風往這邊聚集，同時位於牆角也會因為角尖而較危險，但如十公尺外對著它，或將牆角道理轉為室內的壁角，沖擊或傷害果真有那麼大嗎？

所以面對這些沖煞，我們應該去釐清它的大小、距離、效應是否真的構成影響？如果是，則應該確實做好防護的措施，譬如住於河邊，則應加強河川的疏浚、堤防與屋宅地勢／門檻高度、排水溝功能，並習慣將貴重物品置於高樓層，否則這時擺滿法器、符咒也無濟於事；但如果並不嚴重，稍微做個擺飾化解即可；如果根本沒有影響，只是心理障礙，則可以用吉祥物來化解。對於沖煞的化解法可以參考〈福地格局〉一章的「化煞法」一節。

　　陽宅的許多座向、沖忌規則，其實都是風水的縮小版或室內版，可見「府邸格局」一章的「忌沖」一節。譬如：風水不喜面對路沖，同樣的室內的座位、床位也不喜面對通道、開門；又如風水不喜前面有煙囪（火）、渡口（水），宅內也不喜面對廚房（火）、廁所（水）……。但是室內的沖擊，除了特殊原因，否則不會有戶外那麼大，所以應該以裝飾來改變即可，倒也不用憂心忡忡。

三　布置陽宅四個層次

　　現代都會高樓林立、錯綜複雜，房舍之內設計以空間使用為考量，不以風水為考量，要找到一個風水十

全十美的陽宅並不容易；而郊區情況亦類似，所謂「我家門前有小河，後面有山坡」，本是前水後山、納氣藏風之處，但小河污染滿是油漬，魚翻白肚；山坡童山濯濯，土石流一觸即發，龍穴在人為破壞下恐怕也變成死蛇穴了。這時就只有靠修建或擺飾、美化來解決問題。事情有大有小，不一定都要大興土木，風水有四個層次，同樣的，解決方法也有四個層次，在此提出一個原則：「實際的問題應該用物理的方法處理；哲學的問題應該用信仰的方法處理；禁忌的問題應該用吉祥的方法處理；數術的問題不理也罷。」譬如，實際的淹水問題掛十個鎮瀾符也無法免於不氾濫，而禁忌的問題大興土木也只是浪費金錢精神而已，所以解決方法應該適得其所。

1.實際的問題

譬如居於河流轉彎處、海邊、山道，氣流挾帶水氣沖擊房舍，此時即應做好防護牆、種植樹木防風、在窗戶上加裝厚窗帘……。又如屋宅地氣過濕，則應多開窗納陽吹風，才能改善霉氣。又如房舍乾燥炎熱，可在風來的風向種植水生植物、擺設水器，或於屋頂、窗前加蓋遮陽板……。

2.哲學的問題

譬如對面有變電箱（火）、巨塔（煞）……嚴重造成居者精神憂慮，此時可以擺設高大的盆栽、厚窗簾吸收電波、用山海鎮／八卦鏡等來鎮宅，使住者精神安寧。又如陽宅雖居於路沖，但此路小不通車，並無實際危險，可是住者精神不寧，便可加裝牢固的欄杆、放置厚重盆栽，或擺設石敢當，使住者安心。

3.禁忌的問題

譬如房門對房門、天花板有樑……，這並非什麼立即性的大問題，產生的影響也無法言喻，但住者感覺不舒坦，於是便可以在門或樑上裝置吉祥物，使住者感覺開朗、舒適。又如，希望家裡進財、平安，也可以擺設一些吉祥物，同時美化家裡，也可增進生活情趣。

陽宅要裝修到面面俱到，幾乎是不可能，此時應該以實際問題、哲學問題、禁忌問題的順序來處理，但現代人反而以禁忌為先，實際問題為後，真是本末倒置。

信仰的吉祥物或心理的吉祥物，如果有宗教信仰的人，可以稍微注意。漢民族哲學自《易經》以降，即非常重視物體「形」的「象徵」，所謂「在天化為象，在地化為形」，並且認為「形、象、義」三者有共通

之處，因此也有「象數派」產生。所以對吉祥物的形貌應當重視，譬如龍、鳳、麒麟等畫作、飾物有其吉祥象徵，又如「燈」意味登科，「蝠」為福，「瓶」為平安，「鹿」就是祿，「如意」萬事順利，「蟠桃」象徵添壽……這些都是好的象徵，可以視自己的需要挑選意境相和的吉祥物。相對的，凶狠的動物、銳利的兵器有其不祥的象徵，又如「傘」會分散、「簫」會消散、「空花瓶」會生桃花、「壞布偶」有損幼兒……，這些都是壞的象徵，應該避免。

在使用吉祥物前，有宗教信仰的人可以拿到廟宇稟告神明並過香火，沾染神氣，一般右轉三圈，九圈最高誠意亦可；物體太大或不方便拿到寺廟過香火的，可以在上面懸掛吉祥物或貼圓形紅紙，吉祥物或紅紙可先如前處理。基督教、佛教者，可以念經咒，或默唸信仰的神明加持。有人說吉祥物應該「開光」（請神靈入住），這是錯的，因為開光即有靈體入住，這是不好的，吉祥物請神明「加持」（灌注能量）即可。如果實在想不出什麼吉祥物，一般而言，宗教用品，如道教的八卦／太極／護身符／八仙綵、佛教的卍／法輪／蓮花／咒牌／法器／佛號、基督教的十字架……，都是「萬用型」的吉祥物，只要用上述請神明加持的方法告訴神明它的用途都可以，但宗教用品一般不宜求橫財，但可

求正業順利，道德生財，宗教吉祥物具美觀作用、不要感覺太唐突是最好的。

　　有些擺飾品必須先經「淨化」處理，如古董、標本、前人遺物、舊神像等，首先，應先念咒「阿」，即「無」之意，退去其上所有附著、穢氣；再者，用鹽加些許消毒水（漂白水），或清水泡菖蒲、朱萸清洗，如物品無法清洗，則可用榕枝或柳枝沾灑數滴於其上，表示「灑淨」；接著，將其置於日光之下，少者三天，多者九天亦可。最後再以上段的吉祥物方式處理，並且宜擺在陽光可照耀到的地方，也可在其內放置廟宇的平安符籙。所有宗教的儀式，都以「心專意誠」為重，規儀為輔，只要能掌握到精神，也不一定都需要這麼面面俱到不可。

　　至於石敢當、阿彌陀佛碑、地藏像、后土，本身除了化煞外，也有鎮邪的功能，屬於神力法器，如有需要應請法師安設，不可自己擅設。

　　此外，人應該善用樹木、盆栽，因為建材、家具都是死的，只有樹木、盆栽是活的，所以它可以活絡磁場、使屋宅新陳代謝，好像陽宅的肺一樣，雖然轉動的水車、水族箱也有類似的功能，但它們需要用電，所以並非最佳的選擇。

結論

　　一個滿分的地理風水，現代陽宅絕對完全無法達到這個要求，而且對這個需求性亦並非如此高，現代陽宅應該特別注意用自然的「增加採光、通風良好、植物綠化、保持淨爽」四項原則，來活絡屋宅的磁場，同時也將「風水地理」推展成「地球環保」呢！

　　如果有哲（玄）學的問題，還可以用宗教信仰的方法來處理，除了法器、吉祥物外，經書、佛神像、佛號也都有保護家宅功能，譬如，老覺得屋宅氣運陰晦，或有「雜物」出沒，也可經常唸誦或播放《佛說天地神咒鎮宅八陽經》、《佛母大孔雀明王經》或《楞嚴咒》，或您信仰的經典來「淨化」屋宅。

　　現代人的房子（尤其辦公大樓）多是封閉型的，不見天日，卻廣泛運用電器來改善局部環境，真是本末倒置，還加強全球暖化。譬如，運用複雜的電器（如中央空調）雖然可以改善局部環境，但本身副作用也多，如電磁波、耗電、排出廢水／髒空氣／噪音、佔據空間……，最重要的是使人類喪失原有的生理調整功能，並且養成依賴性。又如，現在辦公大樓各項改善環境的精密電器應有盡有，人類在其中雖然很舒適，但在封閉的室內，使用機器與化學的方法改善環境，缺乏天然日

照、新鮮空氣，乃至各種自然界的離子，所以文明病叢生。

　　因此，最好的陽宅，應該與自然相互配合，再佐以倫理又不失美觀的裝潢或修飾，這才是現代陽宅的正確概念。

（本文初稿〈探究中國大陸的陽宅原型〉原載《歷史月刊》九十七年五月號）

第二章
五行、方位、
四象和陽宅

◆一 五行全，祥瑞現

　　陽宅學的立論基礎除了依據中國的地理、氣候外，也摻加了陰陽五行的哲學，是一套嚴密的科學和民俗學。近代有人又將八卦和九宮飛星加入，成為另一個派別，而且每年的風水方位還會移動，此處暫且不論，只提供傳統的五行方位法供大家在住宅擺設時能有所參考。方位、五行、季節、性質與各種象徵，請見附表，本文將介紹其於陽宅上原理的運用。

五行說明表

五行	木	火	土	金	水
實物	樹木	日光	綠地	金屬	水分
陰陽	陽生陰衰	陽旺	陰陽各半	陰生陽衰	陰旺
自然	日出	日旺	日月	月升	月旺
方位	東	南	中	西	北
季節	春	夏	四季（或夏末）	秋	冬
四時	黎明	正午	四時	黃昏	深夜
顏色	青	紅（朱）	黃	白	黑（玄）
活動	生	長	孕育	收	藏
動物	龍	雀	騰蛇	虎	玄武
祿命	科名	權力	生命力	收成	財祿、感情
性質	向外擴散	往上	如波震動	向內收斂	往下

　　利用五行來補運，有兩種方式，一是「五行相生法」：木生火、火生土、土生金、金生水、水生木，如

圖的箭頭部分，缺火則加木，以此類推。（另外五行相
剋為：水剋火、火剋金、金剋木、木剋土、土剋水，如
圖虛線部分，火過旺以水剋之，以此類推）

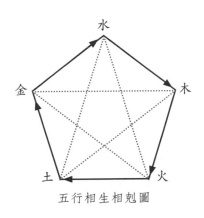

五行相生相剋圖

二是本位補充法，如：缺火則直接補充火的能量，
一般以本法為多。如果東西南北中五個方位都能擺設得
當，稱為「五行全」固然很好，但有時特別求一項（如
考試順利），則只需做特別方位的擺設。五個方位的意
義和擺設說明如下。

1.東方木主科名

東方為日出、陽氣升起之處，故屬春、屬木，春天
草木重生，故為青綠色，主科名。陽宅上，木氣就是要

有樹木、盆栽、花卉來活絡屋宅的生氣。

學生、考生、晉升、考核者等可特別注意,可在東方擺設書櫃、獎狀,或「魚躍龍門」、「獨占鰲頭」、「旭日東昇」、龍、春天等圖畫或吉祥物,來增加科名之氣。此處亦可擺設盆栽,如桂花(文貴)、金桔(金吉)、萬年青等,增加木氣、吸納朝陽之氣,並有吉利之意,最簡單的方法便是貼個「貴」(文貴)、「春」(春屬東方)的春聯。東方白天光亮要充足,如果光線不夠,可擺設綠色系裝飾,或以玻璃製品來增加光線。

2.南方火主權力

南方為日正當中、陽氣全盛之處,故屬夏、屬火,夏日熾火故為赤紅色,主權力。陽宅上,火氣就是要有充沛的陽光和照明,使屋宅光明,百穢退去(客廳、書房尤然,睡房寢室可略暗)。

老闆、部門主管、幕僚想扶正者,可以特別注意裝飾此方,可在此擺設授權書、當選證書、權杖、皇冠,或「日正當中」、「百鳥朝鳳」、九龍圖、飛鷹、翔鳥、駿馬等圖畫或吉祥物。此處亦可擺設造型燈光、蠟燭、燈籠、藏酒、打火機等火性物品,來增加南方火的能量,最簡單的方法便是貼個「旺」(日正當中)的春聯。南方白天也要求要光亮,如果光線不夠,可擺設紅

色系裝飾，或以玻璃製品來增加光線。

東方木、南方火裝飾風格講究「華麗高貴」，但西方金和北方水則講究「莊嚴內斂」，因為前者主「開創」，後者主「守成」，此外，左青龍、前朱雀為聖獸可當吉祥物，但右白虎、後玄武則不當吉祥物。

3.西方金主收成

西方為月出、陰氣升起之處，故屬秋、主收成，而金為焠煉形成之最，所以屬金；黃昏月未皎潔，其色濁白，故為白色。陽宅上，金氣就是金屬，金為五行中磁性最強的，好像磁鐵可吸引東西來附著，所以增加收成，減少耗損。但金屬銳利，所以要收藏好或鈍化（不要有角），同時吸附的氣場可凶可吉，因此要吉祥化（如做成圓形、吉祥物的樣貌，或化煞，後詳述）。

有人生意運作時間極長，卻苦無回收，或感覺付出極多，收穫卻極少，即可補充西方收成之金氣。此時屋宅西方可油漆成白色，或裝飾成白色系，並可擺設金屬製的鼎、錢筒、保險箱、農倉模型等象徵收成存放的裝飾品，飾物裡要放置磁鐵和其他金屬物，否則成為「空庫」也是沒用的。另外，擺置植物熟成、豐收、大船入港（船頭要向內）等的圖案、吉祥物，也都有其吉祥意義。有人喜歡掛夕陽的圖案，美則美矣，實者立意不佳

（日落西山），宜避免。最簡單的方法便是在西方貼「福」、「祿」的春聯，都可以增加收成運勢。西方燈光宜採柔光，明而不亮。

4.北方水主財富

北方為午夜之時，陰全盛，故屬冬，主庫藏和財富，因為唯有庫藏起來才算真正的財富；陰氣極盛，全無光明，故為玄黑色。此外，北方因為屬陰，亦主感情。這裡的財富和感情強調內斂，富而好禮、發乎情止乎禮，但不是完全死寂的（死水不藏龍），陰極反生陽，萬物才能重新復甦，這要特別注意。陽宅上，水氣就是要有「活水」，活水才能生魚，同理，活水才能生財，如為死水、漏水、積水、污水、臭水，反以凶論；同樣的，屋宅濕度要適中，過乾水缺、過濕水漏，也都不利。

北方可布置成黑色系，因為「財不露白」，所以可以裝飾一些招財的吉祥物，如貝殼、珊瑚、水族箱或水車，但不宜擺設元寶、珍珠、錢幣；貔貅和狗有帶財和顧財雙重意義，很適合擺設；因為北方主財、主水，最簡單的方法便是貼個「財」、「滿」的春聯招來財氣。如果想要感情順利，可以擺設水晶、小花朵、浪漫的飾物，但不宜太火熱。此處燈光以小夜燈即可，如不須照

亮，關燈亦無妨。

5.中方土主生命力

　　中方屬土，色黃，因為無土無以生萬物，所以土
為萬物之母，同時也是五行之母，台灣民間的「無極地
母」信仰（相對「天公」信仰），就是皈依孕育萬物生
命力的思想。陽宅上，土氣就是要有「綠地」，現代人
建屋往往過於密集，以致建蔽率過高，綠地過少，導致
活的土氣稀少，死的土氣越多。此時可以將庭院改成花
園，地磚地面改為綠地地面，並在屋頂、陽台、宅邊披
土種植，增加活的土氣。

　　屋宅、廳堂或房間的幾何中心範疇便是中方，但此
處大多不是家具就走道，較難布置，所以應該特別注重
此處的乾淨，不要有穢物、積水、垃圾桶等，如果可以
布置，則可以擺設陶瓷器、土製品、土生盆栽、石器，
或裝飾成黃色、土色、褐色系，除可增加土氣生命力，
亦可「鎮」宅。此外，廳堂中方天花板多為吊置燈飾之
處，如燈泡昏暗、閃爍、毀損應立即更換，以保「生命
之光」源源不絕。

6.五行的生氣與死氣

　　五行有活絡、甦醒的「生氣」，也有滯淤、有害

的「死氣」，也有不好不壞的中性，五行生氣才有用，死氣反而有害，中性如能善加運用也有利，用之不當則有害，應該釐清，不是有就好。譬如木，活的樹木會行光合作用是生氣；枯死的樹木生腐敗之氣是死氣；木製家具是中性的。譬如水，流動的水可以養活萬物是生氣；一灘死水藏污納垢是死氣；藏水未腐是中性的。譬如土，綠地的土壤孕育萬物，是生氣；含化學毒物的土是死氣；瓦礫磚牆是中性的。譬如火，燦爛的陽光是生氣；用電耗油是死氣；平平則是中性的。譬如金，實用性工具是生氣；傷害性工具是死氣；擺放不用則是中性的。

　　現代人陽宅幾乎金木水火土五行的生氣樣樣都缺，以致氣場不活不絡，反而死氣過多淤積成傷！以金而言，家裡雖然金屬製品很多，但多有危險之虞（如車、刀、電器用品等）；以木而言，無樹無木，假花假草，空氣混濁，都是人工氣候；以水而言，水資源污染、引毒流入、不知節度，財氣洩去；以火而言，日照嚴重不足，屋宅不明，膚色死白，用電耗油過量危機四伏；以土而言，綠地缺少，又將花園改為庭院或車庫，將草皮鋪上磁磚，活的土氣因而封而不發。

小論：不要大興土木，自然裝飾住好宅

明白了以上道理，就不用花大錢大興土木求風水，但要用心布置居家，求得天然的五行生氣全現、以美化的角度來裝飾，讓身體接受自然，讓心情變得愉悅，讓心靈受到正向的啓發，因而提升運勢指數，才是可行之道！

◆二 四象原理與運用

「左青龍」、「右白虎」、「前朱雀」、「後玄武」合稱「四象」，大家一定經常聽說，但可能不太了解它們的意義。原本「四象」是天文學上對東、西、南、北四個方位的分法，但古人認爲地面萬物都是天上星宿的投射，所以這個天上天文學的說法被地上風水學給接納了。四象藉由神話解釋風水概念，殊爲有趣，說明如下。

*1.*左青龍（東）

東邊是陽升之吉位，以祥瑞的龍來代替（古人因爲普遍不識字，所以多用動物來代表很多事物，如十二生

肖也是），東屬青色，所以稱為「青龍」。

東方因為是最健康、吉祥的方位，所以主人住所應設於此，稱為「東家」。此外，很多人搞不清楚大門和通道要開在正面的左邊或右邊，龍邊是陽方，因此大門要開在正面的左邊，走道也要設在左邊，如此陽氣（陽光）便能順利照進來，進來之後也能暢行無阻，屋宅便會有陽氣。

除了陽宅之外，廟宇、佛寺也都是如此，出入的規矩便是「龍入虎出」，還說：「入龍喉求吉祥，出虎口避災殃。」連公家機關也延續這個傳統，中間的大門如果關閉，就在左邊開個出入門，有一句成語：「旁門左道」，意思就是說，不走中間的大門，反而走左邊的旁門，可見古時候就習慣將門開在龍邊。

2.右白虎（西）

西邊陰生陽衰，因此不祥，以會傷人的大蟲（老虎）象徵，西方屬白，因此稱為「白虎」。

西邊因為是日落之地，缺乏陽光，所以大門、主臥室、活動區不宜設在這裡，因此設為倉庫和客房，稱「西廂」。西邊因為陰生陽衰，因此被視為「小人方」，所以西邊的建築高度和華貴局格都要低於東方，使「小人道消，君子道長。」否則家裡易陰盛陽衰，而

發生奴欺主、妻凌夫、小孩叛逆、小人滋事的情況。

3.前朱雀（南）

南邊陽氣最旺，屬紅色，所以稱為「朱雀」，有鳳凰呈祥之意。

因為陽光旺盛，庭院（廣場）、大廳等公共活動區宜設置於此，呈現朝氣蓬勃的家庭氣息，道理就是借用充分的陽光來做活動，很有健康概念。相反的，這裡就不適宜做低級活動之處，如廚房和衛浴，事實上，南方較熱，食物易腐壞、臭氣易蒸薰，廚廁確實不適合設置於此。

4.後玄武（北）

北方當然就是陰氣最旺的險惡之地了，屬黑，以在水裡作怪的巨大蛇頭龜身猛獸為象徵，稱之「玄武」（「玄」就是黑色之意）。

北方因為是陰氣極盛之地，所以被視為不祥，加上中國歷史上北方胡害連年，更加深這個觀念，甚至還發展出「北方玄天真武大帝」（玄天上帝）加以鎮壓禍害的信仰，所以陽宅上，北方重防護，如有高物屏障（土丘、樹林）、圍牆、後門要小要緊閉……。而這也是在防護冬天嚴峻猛烈的北風，更有預防宵小從後門趁虛而

入的效用。

5.中勾陳

除了四象的四個方位外，當然還有中央的中方，沿用天文學的分法稱為「勾陳」，代表動物是螣蛇，是有翅膀的飛蛇，能騰雲駕霧，也是一種神獸。屋宅中央被視為陽宅的心臟，所以不應將廁所、廚房等污穢之地設置於此，以免中央系統被污染；晚上或大年夜時，可將中央處的燈打開，傳說可保一天或一年的光明。

小論：不要陷入教條禁忌

「四象」說法自有道理，但前提是屋宅要「坐北朝南」，左邊才是東邊，右邊才是西邊，這時「左青龍、右白虎」才有意義，如果屋宅不是坐北朝南，左青龍、右白虎不是斷章取義，甚至效果完全相反嗎？現代屋宅格局大多不是坐北朝南，且為爭取使用面積建築格局也亂無章法，但因為建築工法進步，屋宅大多能遮風避雨，所以「四象」的規則不要陷入死教條的禁忌，但如能活用還是可供參考運用！

（原載《朝陽季刊》一○○年六月號）

簡單住

好宅

第 二 篇

格局篇

■本篇介紹十一種陽宅格局，
　它們是人類普遍共通的，
　但因為每個人特質不同，
　所以您可以根據自己的工作、
　紫微主星的性質（見附錄），
　再尋求特別適合自己的格局，
　建立自己愛的小窩喔！

第一章
王者格局

　　很多人都想求龍穴興旺家族，其實，只要住宅有充沛的能量，便有利發展事業，並不需捨近求遠。擔任最高首長、發號司令、有決策權的人，尤適合王者格局。

◆一 朝南納陽

　　標準型的房子，屋宅最前頭是正廳，大門和採光窗都在正廳的正前方，而所謂「正方」，便是面對連結對外交通要道的那面，如此一來，房宅就達到「內外合一」了，如圖。此時，屋宅如果座北朝南，早晨的陽光一照，陽氣一進來，房宅便充滿生意，此時也就「天地合一」了。

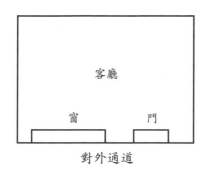

標準型屋宅坐向分明

　　王者格局的人，講究「南面而王」的原則，至於其他格局的人對屋宅朝向的要求，就沒那麼嚴格了，如果不是買到座北朝南的房子，民間習慣這麼說（台語）：

　　「座東向西，賺錢通人知；（如果低調可以改成：賺錢無人知）

　　座西向東，賺錢真輕鬆；

　　座南向北，賺錢穩達達；

　　座北向南，攏住好額人！」（好額人：有錢人）

　　其實，東南西北四方本來就各具特色，如果善取其吉祥之意涵而運用之，四通皆能八達：

東方，太陽升起之方，是「帝位」，易經說：「帝出乎震」，震就是東方。

南方，陽氣全勝，是「王位」，所以說「南面而王」。

西方，屬金，是「收成」之位，所謂「秋收而獲」。

北方，屬水，是「財位」，因為「冬藏而豐」。

雖然標準型屋宅很容易分辨坐向，但現代的分居洋房，要定坐向卻有點困難！譬如，居於洋房二樓以上，家門朝室內，客廳陽（窗）台朝馬路，此時以大門來做為朝向，還不如以客廳陽（窗）台來當朝向。此外，現在的公寓大樓又更複雜，正廳、大門、採光窗不一定同在屋宅的前方、正方，很多是大門面對面開在沒有陽光的公共玄關、走道、電梯口，而窗戶採光則開在屋後或屋側；接著，大門一打開先是廁所，客廳在後面，由馬路向屋宅看時，客廳陽台成為正面，大門反而變成後門……

林林總總，此時，非標準型的洋房樓層或公寓大樓，就很難由「大門」來當成屋宅座向的依據了！而這也反應出「風水必須隨時代而重新釐清」的重要概念。

其實，屋宅要座北朝南的原意主要是要「納陽」，一早陽光便射進來，帶來屋宅的生氣，因此現代人要掌握的是整個屋宅能「朝南納陽」的根本原則，而不再是計較一片門板應該「座北朝南」的問題。如圖，大片窗戶正面向南，門卻向東，那圖中的大片正面窗戶更符合「朝南納陽」的原則，所以用這個朝向來設計屋宅的活動，才是有利的。所以，現代社會的科學角度，所謂的「朝向」不一定是以大門為原則，而是以建物的主要採光為標準。

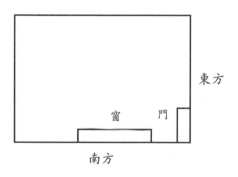

窗在南，門在東，應朝納陽方向才對，
而不是考慮門的方向

所以屋宅若非標準座北朝南其實也犯不著大興土木，常見有人故意把門做斜了，企圖符合朝南的格局，

但大門斜了，就跟人的頭臉歪了一邊一樣，破了相，而且也破壞了房子原本方正的格局要求，怎會是好門面、好風水呢？也有人故意做一個假門，以虛當實，除了自我安慰，其實並沒有真正納到陽。

此時，在屋宅的南方朝南處開窗納光是最實際的作法，如果不方便動土，可以在屋宅南方，擺上能夠吸收陽氣的活物，如綠色盆栽、向日葵，也可以在屋宅南方的外邊種植或擺設綠色植物，這樣都能夠透過輔助幫助屋宅吸收陽氣。

在象徵上，青或綠色（青木生紅火）、紅色（本身為陽）的木製品或吉祥物等，也有納陽的功能，南方位置如此擺設也可以藉此納陽。如果格局不方便這麼裝飾，也可以在南面的牆上擺上一幅戶外自然圖，象徵「開門」，如開闊的草原、往內流的河流、陽光燦爛的風景……等，圖案當然要開闊通暢，如果是森林、山巒或重重疊疊，當然不利開門走出去，畫面上的高處可以裝飾紅色，或在畫背後的板上貼上圓形紅紙，象徵陽氣高漲。最簡單的方法，可以在此貼上一個大紅「春」字春聯也可以，「春」字有「日」，有「開門納陽」之意，此時正貼，三陽普照，而非反貼的「春到」之意。

二 喜居高處、挑高

　　王者格局喜居高處，因為登高一呼，一呼百諾，所以居高運勢會更旺。所謂高處並非指深山、山坡，因為這些地方高處不勝寒，不夠熱鬧，反而不利運勢，所以是指平地的壟起處、高樓，不適合居住於低窪處、山坡下，或住於旁有高樓壓頂的矮房。如果已經處於不利之處，則應該注意宅內貴氣的光大，就能彌補。

　　此格局雖喜居高處，但也不要周邊太低，唯我獨高，尤其現代摩天大樓林立，富豪偏好高樓層，如此正好像避雷針或空曠高木，易引來天雷人忌，如果此象已經形成，則避免住在制高點，建物應該加裝避雷針，同時對待左鄰右舍、為人處事更應謙沖，否則亢龍有悔，反而不吉。居住高樓層雖有助氣勢展開，但也有風險，最大的風險便是火災時火勢一定往上蔓延，所以高樓層比低樓層更有機會被波及，因此高樓層的防火措施、逃生通道務必完全良好、隨時保持通暢，不能馬虎，猶如處王位者隨時都需戰戰兢兢一樣。同時，高樓層的鐵窗也忌諱完全做死，應該在可以求生處預留活窗，才能危機處理，而且鐵窗最好能與屋宅造型融合，如此才不會有囚禁感。鐵窗化囚，又會嚴重破壞屋宅的整體美，所以可在建屋時一併設計規劃，或事後特別設計，讓它成

為屋宅的一部分，並且避免為欄杆式、格子式，可採用花紋式，並裝飾一些吉祥物，如此便能化解因禁之氣。

再者，高樓層是「夏暖冬涼」，夏天時陽光沒有阻擋直接照射外窗和外牆，冬天時承受沒有阻力的雨速、風速。陽宅是保護人的城堡，而外牆與外窗則是外界與屋內的分界，它們直接承受風吹、日曬、雨淋，所以磁場其實是不穩定的（因此此處的牆面總是率先剝落、龜裂、滲水），所以應該避免直接在外牆和外窗旁擺設床位、座位，否則對人的影響也大，此時以擺設櫥櫃、盆栽緩衝內外區的磁場為主，此點高樓就更應注意。外窗可用雙層窗簾，夏天豔陽高照時用白薄窗簾遮陽，減少室內溫室效應，也能節省能源，同時也可加貼防爆隔熱紙，增加窗戶的抵擋力與隔熱力；冬天時窗外風聲蕭蕭、窗戶嘎嘎作響，人的心神不易安寧，則用厚窗簾可做為屏障、保護與消音。現代工商大樓為求面積充分運用，大多沒有設窗臺、陽台，其實窗臺、陽台有阻隔氣流、風雨、陽光直接衝擊的功用，非常有阻隔、阻熱效果，應該多多運用。

同時，人都有潛在的懼高症，所以高樓的外牆和外窗旁不宜擺設床位、座位的徵候就更強烈了，否則人隨時都會有莫名的恐懼感。

高樓因為「夏暖冬涼」，所以應該善用植物來改善

屋內氣溫。夏天時室內可安排多一點水器、水生植物，或隨時保持盆栽的濕潤（濕一點無妨）讓水氣吸收熱氣，並蒸發出水氣，讓屋宅清涼。而冬天則安排土生植物，土能吸熱，因而保暖（這個方法可以運用於任何需要改善室溫的地方，真是自然、環保又省錢）。此外，最頂樓如能做成空中花園，也有助底下的樓層達到「冬暖夏涼」的功效。

王者格局除了喜歡居高，屋宅也以高為宜，亦即，天花板越高越好。此外，越靠近市區運會越旺，相反的，越靠近郊區，運勢越弱。台灣有一個習俗，喜歡將地面墊高，增加運勢，這在古代也有減少淹水的好處，但現代社會卻似乎沒有必要，因為常見店家、住宅將地板囤高，這樣做雖然「比較」居於高處了（實際上，高個幾公分又有什麼差別？），但卻使地板到天花板的距離，也就是「挑高」縮短了，挑高也是運勢很重要的考量，挑高縮短了也會使人產生局促、壓迫感，所以一得一失，徒然浪費精神金錢，並引起鄰人不滿罷了！

房子的地勢、天花板高度都一定了，此時如要增進房子「高」的運勢，便是要「開高」。如，門和窗可以開高、開大一點，氣勢就會出來，或門、窗的上方和兩旁可用玻璃帷幕，這樣就有增高、加大的效果，又不破壞比例的美感。而屋內，房子內牆、地板可用白色系；

使用白色夠亮的燈管，使房間看起來更大。此外，正廳應避免小而繁瑣的家具，盡量簡單大方，感覺大氣，並讓出空間，感覺起來更寬大，也可以避免擺設立體、大體積的飾物，而以平面、壁飾取代；將掛飾，如時鐘、壁畫吊高一點，使人有仰視的效果；用高一點的櫥櫃，增加高度氣勢，但櫥櫃如不夠高，忌在高型櫥櫃上再擺設物品或盆栽，會有掉落的危機潛意識，當然也不宜用墊的，不容易平穩；天花板不要採用有體積的燈具、吊飾，宜採扁平造型燈具，使上面空間留出來。以上，都能有效產生增加高度的效果。

在起居上，挑選高一點的家具，坐得高、睡得高（所以床舖應該有床腳，不要直接將床墊置於地板，如此也能阻絕地氣的直接入侵人體）、通道寬而暢，行動大方，王氣自然增強。

三 喜居貴處、客廳

王者格局喜居貴處，貴處有：中央、陽地與左（青龍）邊。台灣人照相時不喜居於正中間，說怕承擔不起，但王者格局的人反而喜居中央，有助帝王架勢的展開與承擔，所以選擇住宅時，以在中間區段為佳。但如果不是中間，也以前排為佳，最好不要是後半段或尾

間，否則應更重視陽宅格局，以利加分。王者格局不喜獨處，兩旁空空如也，喜歡左右有輔弼之物從兩旁扶持（但兩旁之物勿高於本身），所以庭院或大門兩旁可以栽植樹木盆栽，形成護衛與拱持。而若為獨棟房子，可於屋宅兩側種植樹木，但樹木切勿高過，擋住陽光，或過於濃密擋住氣息視線，這是通例。

此外，王者格局的人亦喜東邊、南邊或左方。因為南方為正陽方，東方為主方（日起的方向，佳，故稱主人為「東家」），左方為尊方（左尊右卑），這三個位置和方向能增加主控運勢，適合王者格局置宅。而北方為正陰方，西方為客方（日落的方向，不佳，故稱「西廂」為客房處），右方為卑方，此三方主陷客起，容易乞丐趕廟公，領導權勢不易展開。此外，住宅如鄰近公家行政機關（權）、豪宅大樓（貴）、大帝廟，也能吸引貴氣，相得益彰。

屋宅最重要的風水指標是客廳，客廳就好像是臉一樣，成為辨識與判定的最重要依據，所以也是王者格局尤應特別注意之處。客廳最重要的原則莫非「納陽」，亦即，陽宅有很多擺設上的規矩，但一切以能夠讓陽光（朝陽尤佳）照入廳內、並且能在陽光下活動為最高原則，因此，客廳的採光必須格外注意，千萬不要讓樹木、櫥櫃、盆栽、高物、吊飾擋住窗口。此外，所

謂「明廳暗房」，所以客廳不宜採柔和的黃燈或暗色調（臥房可），因為客廳除了是全家活動區外，也是對外會客區，所以強調家人的活力，不強調休憩的功能。

一般廳房布置都會有一個朝向，譬如現代家庭喜將沙發都朝向電視，所以人也都會朝那個方向，客廳最好朝向一面牆，客廳朝向的那面牆壁便成為全家最受矚目的地方，是臉中之臉，因之稱為「運壁」，運壁的布置、擺設展現出屋宅主人的氣度、個性，當然也顯現出屋宅的氣色和運勢，所以適當的「化妝」一下，更能展現好的宅運。

運壁處不宜是出口處、樓梯口處，無法聚氣藏風，心神也不易專注，故不宜；但亦不宜背門，背後沒有防衛，缺乏安全感，隨時轉頭觀望；也不宜是牆角處，視野收斂，心境自囚；也不宜是壁角處，角氣銳利，有殺傷的威脅感；也不宜是空曠處，沒有依恃感，感覺飄渺、無根。

雖然每個人有不同的個性和審美觀，但運牆的擺設首重：穩、重、安，才能撐起整個門面，擺設宜端莊、大氣，如此才能耐看，如擺設的俏麗、繁瑣，初時雖顯眼，但日後便心生厭煩。另外，所謂「財不露白」，所以此處（他處亦然）不宜擺上裝飾的元寶、錢幣、珠寶……等，可用招財吉祥物為之；如果能擺上彰顯主人

身份、成就的獎盃、獎牌等，當然很好，但以最重要的幾個即可，否則鋒芒畢露，心生驕傲，亦惹人嫌惡。此處，亦不宜堆積各種外出、家居的雜物，如安全帽、雨衣、雨傘、垃圾桶、廢棄的玩具、小東西……，好似人的臉上長滿天花；當然，牆壁櫥櫃裡的東西也不要擺設不要的拉雜之物，否則金玉其外，敗絮其中。

　　在客廳的擺設上，吉祥的物品，如龍鳳、鳳凰、麒麟、鶴、雞（家之意，宜成雙）……，使人心生安祥歡喜；祿冠、鼎、權杖……等象徵權貴，而且篤實、穩重，有助王氣的提升。但生猛動物、奇禽異獸、面目可憎造型物、銳利金屬刀劍，使人心生畏寒，故不宜，以上如需擺設，則可以在擺設物上加上紅色裝飾或線穗，來化解、綁助它們的銳利鋒芒。古董、化石、標本（其實就是動物蔭屍）亦為極陰之物，應置於陽光充足的地方，並要事先做好淨化處理，且不宜多，同時要做好陽化處理，如繫上紅色吉祥物等。很多家庭會擺水族箱、水車等，但水物不宜大、不宜高，因為水主陰，而且高、大會有危險性；照片則不宜情色圖，結婚照最好置於臥室內，春光不洩。

　　陽宅的空間原本應該隔間分明，這樣個別的功能才不會相互影響，五行才不會相射相剋，但現代屋宅空間一般不大，所以有開放空間的觀念，使陽宅感覺比較寬

敞，也比較通氣，這樣雖然不錯，但以現代公寓而言，客廳、飯廳、廚房、公廁經常不分，久之客廳便可能沾染油煙味、尿水味等，甚至大門直透房廳抵後門。此時，在客廳區域的劃分上可以裝設輕便的活動門簾，如此一來，可以避免夏天冷氣散逸，冬天冷風直灌；也可以擺設簡單隔離設施，如矮櫃、玻璃帷幕、盆栽，能形成屏障，又不會妨礙空間視覺。

客廳中的沙發是很重要的休憩地，沙發宜擺在客廳右（虎）邊，左邊可以留做通道，同時宜靠牆，不宜背後是走道或空曠，否則應該置個櫃子或做簡單隔間，因為靠牆座位穩定，比較能夠安心休憩，否則沙發容易走位，且背後有人走動，便無法安心休憩。沙發擺成ㄩ型最佳，L型亦可，有納氣藏風的效果，而家人也因而可以經常面對面，直線型比較不宜，此時可以在旁邊置個矮櫃。沙發前會有茶几，茶几不宜高、大，否則阻擋人與人的交流，在格局上，亦形成喧賓奪主，茶几以圓形、橢圓形或去尖角為佳，四方形容易碰觸撞傷，不宜。

此外，客廳也多會有櫥櫃，櫥櫃大小視空間大小而定，櫥櫃太大空間顯得壓迫，櫥櫃太小空間顯得空曠。櫥櫃如是靠牆，可以是高櫃，有穩重、屏障效果；如果為矮櫃，可以在牆上吊字畫或壁畫，加強拉高與屏障的

效果。但櫃子跟牆不一樣，牆要與天花板相連才能穩固，有支撐力，但櫃子不管是靠牆、當隔間、當屏障，都不宜太高，也不宜到頂，因為太高除了有倒下來的危機潛意識外，這時頭上的空間也可以讓空氣流通，避免裡面的房間空氣流通不良。除了靠牆，其他地方則採矮櫃，這樣可以避免阻礙視線，但忌諱在矮櫃上擺上高的盆栽、立型飾物或易翻覆的物品。

第二章
府邸格局

除了王者格局外，漢民族也因為地理、氣候的關係發展出府邸的標準格局，擔任首相、執行長、財經官員、銀行家、企業主的人尤適這個格局。

一 前水後山、南水北山

王者格局講究高，府邸格局卻講究大官邸樣的氣勢：平、廣、正——在平坦的地方展開寬大、方整的建築，如果房子不是方正格局，可參考「福地格局」。王者格局屬高聳大樓，府邸格局屬大片豪宅，但兩者都講究「朝南納陽」和「前水後山」、「左青龍、右白虎」。

先談「前水後山」，在漢民族的地理原型裡，冬季吹北風，夏季吹南風，在座北朝南的標準型下，後有山能抵擋冬天北風，屋子便能免於酷寒，如果屋後沒山，便可以土丘、樹林、圍牆來頂替；前有水，便能在夏天時利用南風帶水氣入大門，因而使屋子清爽無比，免於酷熱，如果沒有河流，有湖泊、水田、池塘，甚至

水器、水生植物效果也是一樣。而就風水來講，前有水可以帶來氣流，後有山可以收納氣，如此便能「納氣藏風」了。但「前水後山」並非叫人緊鄰河畔與山丘而居，此時反而有氾濫、坍方的危險，而且易受氣流、陰濕的影響，反而不美，所以在山水方圓之內，能受其影響即可。

但現代房子很多不是座北朝南，此時講究「前水後山」是否沒有必要，甚至效果剛好相反？譬如，房子如為座南朝北，冬天吹北風，前又有水，冬天不是又冷又濕嗎？而夏天吹南風，屋後有山擋住風向，此時不是又熱又燥嗎？所以以理性科學的角度來說，現代人應該注意的不是「前山後水」而是「南水北山」，冬天時應防北風，夏天時開納南風，才是主要的課題，今一併說明！

屋宅的前面如有河流經過，空氣對流也會比較旺盛，但也不宜離河流太近，或位於河流轉彎處，除了有氾濫成災之虞，而且河流產生的氣旋如果感覺已經直接沖到宅裡，不但又冷又濕，直接衝擊屋子和宅人，都不是好事，此時就應加裝防風牆、防風窗、防風帘。

標準型的府邸是座北朝南，此時河流從大門看出去的右（虎）邊流到左（龍）邊，因為中國地理的原型為江河向東流，而且如此也是座陰朝陽，但標準型的地

理終究難找，所以如果有河流從前面或兩旁流過，動帶氣流流通亦佳。如果河流不是在前方，一般以河流在東方為宜，因為東方是陽位，主活水；水流向如果不是向東，向自己方向流來亦佳，表示進財，但此時應防河流正面直沖而來，構成「河沖」；如水流方面為由我方流出，則表出財，屋宅就可做些守財的布置了。宅前如是小水溝、乾河，當然就無甚功效了，因為沒什麼帶動氣流的功能，而且還要「慎防臭水氣與蚊蟲滋生」，而這也就可以拿來判斷宅前的河流是福是禍的一個重要標準了。

　　如果屋宅前面沒有河流，很多人喜歡在庭院造一個水塘，這其實要小心，因為陽宅顧名思義屬「陽」，但水屬陰，所以水塘最好設在宅外。最簡單的方法，可以在庭院養水生植物，如水生萬年青或蓮花，或在正廳擺一個水族箱、水車、水生植物（活水有用，死水、臭水無用），或掛一些屬水的吉祥物，如河流、池塘的圖案（大海不宜）。黑屬水，也可以在此擺設黑色系的沙發、家具或裝飾。但如前所言，水主陰，所以上列之物一定要「動」，才能破陰沈，如果只是一潭死水，反而有害，也可以綴上明亮紅飾，來增添陽氣與喜氣。

　　後有山可以納氣，也可以有靠山，配合前有河的一帆風順，所以後面可以有山丘或高大的建築，但也不

要靠山、建築太近，除了有崩蹋的危險外，也有直接壓迫感。如果後面沒有高大物體，可以做圍牆，或種植大的盆栽，不過圍牆與盆栽都不要過於高大，除了擋住陽光，也很像囚房。當然，也可以在房宅的最後面牆上掛上山陵的圖案、雕飾，或土黃色（黃屬土）的吉祥物或裝飾品。

但在講究「前水後山」的陽宅法則時，應同時考慮「南水北山」原則，並做防北風與納南風的準備：北方可以植樹、擺置盆栽、修築圍牆、窗戶加裝窗帘、擺置櫥櫃……，以防止蕭瑟的北風入侵；而南方可以開窗、擺設水器、種植水生植物……，如此便可以冬暖夏涼了！所謂「水主財，山主丁」，如果前水後山（南水北山）能裝飾一下，也會財丁兩旺。

二 忌沖、青龍、白虎

風水的方位指的都是「朝向」的方向，屋宅的方向指的是由內對外看的方向，屋宅一般不喜「沖」，尤其朝向正面沖，「沖」可分五類。

1.衝擊性地形：如路沖、河沖、反弓（路或河的轉彎外處）、高架橋／地下道／隧道出入口、車庫

進出口、路叉、河叉……等，此類地形本來就有物體前進或轉彎速度的衝擊性，所造成的氣流也比較大。

2. 高聳尖端地標：如高聳的大樹、高（電）桿、巨（電）塔、三角形／箭形／墓碑形的建物或屋頂……，因為此類地標容易形成尖端效應，尤其氣候不良時容易聚放能量（如雷擊），面對之恐受其波及。

3. 不規則沖煞：如尖形的地形、地物（如牆角、半邊煞、天斬煞──見「福地格局」）、亂石、雜亂堅實尖銳之物……等，因為此類物體的能量較為凌亂、銳利，所以不喜對之。

4. 五行能量輻射：不喜面對強烈的能量。火，如：電塔、變電箱、煙囪、焚化場；水，如：渡口、水處理場、溪渠出水口；金，如：巨大的金屬雕像、建物、器具；土，如：巨大的建物、土丘、圍牆橫在前頭；木，如巨木、樹林在前面橫生枝節。

5. 強烈氣場：如廟宇、法院、監獄、警局、看守所、刑場、靶場、墓場、荒地、廢棄物集中處……等。

屋宅對外物的沖煞原理，也全部搬用於屋宅內大門、房門、廚房、廁所、床向、坐向的相互沖煞，說明如下：

1. 衝擊性地形：不喜面對大門、通道、轉彎、門對門等。
2. 高聳尖端地標：如劍（箭）、三角形飾物等。
3. 不規則沖煞：如壁角、樑、尖銳之物、鏡子等。
4. 五行能量輻射：火—廚房；水—浴室、廁所；金—金屬刀劍；木—盆栽過大；土—圍牆過大、天花板過矮。
5. 強烈氣場：如神龕、佛像、凶猛動物畫像等。

　　以上五類沖煞，床、座、門、窗、出口都不喜對之，怕被其直接波及，但事實上，這些沖煞能量雖然存在，但應該視其物體大小與和自己的距離而定，如果沖煞物不大，或離自己有段距離，稍微做些防護即可，倒也不必憂心忡忡。特別一提的是，風水講「沖」，其實五煞如在屋宅旁邊影響也不小（稱為「夾」），譬如隔壁有個變電箱的影響並不亞於對面有個變電箱，所以「夾」的情況也要注意防護。

　　有了朝向，就要談青龍、白虎，在標準格局裡，

座北朝南之下，「左青龍、右白虎」，因為此時左方是東方，右方是西方。左邊東方為日出之地，故為陽方，所以是活動的一方，且為尊方；相反的，右邊西方為日落之地，故為陰方，所以是沈寂的一方，且為卑方。因此，在陽宅上，面向大門的左邊應該設計成走道、動線、活動區，大門也應該設在左邊；右邊應該設計成穩定的區域，適合固定的家具、沙發、休息。

　　除了府邸格局的人要著重這些方位外，現代人的屋宅很多都不是座北朝南，這時講究「左青龍、右白虎」其實並不是那麼重要的事了，此時您如果用「東青龍，西白虎」，或「南青龍，北白虎」的觀念來布置，其實反而更能夠把陽氣納進來！但如果您是「古典派」，還是想符合傳統「左青龍、右白虎」的位置當然也無妨，此時，如果您家的門不是在左邊是在右邊怎麼辦？其實犯不著封了舊門開新門，可以在左邊處擺設一些自然、戶外、流水（流水向內）、陽光的圖案，象徵開門。同樣的，如果動線實在不容易更換過來，可以在左邊擺設象徵流動的裝飾或圖案，如奔馬、跑車、飛龍（動態的）、轉動的風車等。而右邊可擺設象徵固定的裝飾或圖案，如：山、屋宅、鼎、石頭等。

　　另外左青龍是吉陽方，右白虎是陰方，所以嫌惡右方高於左方，因此不管地勢、樹木、裝飾……都以左

方高爲尙，如果地勢已經左低右高，那就必須用人工平台、盆栽、裝飾將左方拉起來。但因爲一般人喜將外門開在左（龍）邊，所以右（虎）邊很自然就會種植花木、盆栽並擺設裝飾，因此大多不自覺間使右邊的地勢、高度、美觀勝於左邊，此可稍加注意調整一下。

　　如果，右方是高樓、山丘無法改變的事實，則可以在兩邊高掛紅色的裝潢、擺設、吉祥物（如龍、公雞、公犬，最簡單的大紅春聯）來沖淡右方的陰氣，並加強左方的陽氣，使之氣勢消長。但要特別強調的是，所謂龍方喜高於虎方，是指「相對高度」，如果龍方是山丘、大樓、巨樹或裝置過高，雖然高，卻擋住陽光照射、空氣對流、進出動線、屋宅門面，怎會是吉呢？此時還是應該想辦法改善龍邊的流暢和動線才可以，而不以龍邊高爲喜。

　　如果屋宅並非座北朝南，您也不在意左青龍、右白虎，那應該注意的是，座位處不要置於門後，因爲外氣從門進入就直沖休憩的人，也讓人從外看見裡面的作息，所以不宜；但也不要入門是通道，直接就又進入後房，這樣便又長驅直入，此時應該設個屏障爲宜。

三 前低後高、樓梯

所謂「前低後高」有兩個層面。首先，屋宅外邊前面宜低，後面宜高，因為前低夏天南風容易吹入，後高可以擋住冬天北方；而且，在古代這樣易於攻守，同時也方便出入。現代人多住於平地，所以前低後高演繹成屋前應該寬闊平坦，不宜有壟地、土堆、高樓或巨物擋在前面，這樣才會視野開闊、出入方便；而後面則可以有較高的之物做為靠山、屏障，可以防止宵小入侵，同時有安全感。

再者，是屋宅的層面，這亦有兩個問題，一是地勢，二是樓勢。先就屋宅地勢而言，應該前面低，越裡面越高，因為古代容易淹水，這樣才容易將水趕出去（但大門會加裝門檻使水不易淹進來）；此外，前面低，風和陽光才容易進來，這道理與屋宅開口應該「前寬後窄」是一樣的；而且，前低後高，氣流因為爬昇而趨於緩慢，更有助於藏風。但這裡指的前低後高地勢不是斜坡地形，而是建物的地基高度，現代人住於平地，要如何使屋宅地勢前低後高呢？在整體格局上，前庭的樹木、擺置不要高於屋宅門面，而後院的圍牆、樹木可高於前庭，如便有前低後高效應出來。而在室內的擺設，也可注意後面高於前面。

現在有些建築物因為正面有地下室的天窗，所以前廳較高，進去後廳後低了下去，便違反前低後高的原則。

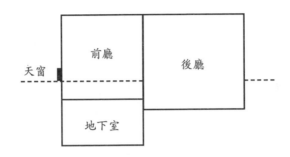

地下室位於前廳下方並挑高，
地面造成前高後低的地勢

　　此時可以用較高的家具來擺設，使後面的氣勢看起來不亞於前面。如果落差真的太大，可用高長的植物將氣拉上來，但屋內植物切忌大，所以此時既然種植高長的植物，便應該注意不要再寬大，只要瘦長即可，而且最好根部（或盆底）著地，使整株植物與地氣相連，這樣氣就拉得上來。也可以擺置壁型盆栽，盆子應為土器，因為牆壁可將地氣拉上來，土器又接承地氣，整株高高在上的壁型盆栽便將地氣拉上來。以上植物應該葉大茂

盛，提氣效果才會明顯。

更簡單的作法是，可以在比前面擺飾還高的牆上掛一幅山頂、高樓、天空的風景畫（取其「高」意），當然最簡單的方法就是在高高的地方貼個大紅春字春聯，象徵陽光高照，陽氣上昇。雖然屋宅講究前低後高，但後院不能比房子高，因為屋宅終究才是房子的主體，所以後院不用再高上去。

前低後高第二個因素是樓勢，前排建物宜低，後排建物宜高，這樣屋宅前後的層次都可了了分明；如果前排高，後排低，後排的建物便讓人見不到門面，而建物本身也見不到天日、納不到風和光。如果此象已經形成，也不要硬加高後排建物的樓高，這樣違建反而破壞建物的結構，此時可以參考「王者格局」的「喜居高處」來增添高的氣勢。

談到前低後高一定會談到「樓梯」，因為樓梯會引導氣流向上，也會引導氣流向下。樓梯最好依邊牆直向而築，這樣氣便會上下通暢流動，如果是橫向而築，便將氣流從中切開，屋宅也因而變成兩個部分，此時，最好依樓梯位置，順勢將屋宅分隔成不同的兩個隔間，化解分割的窘困，否則便十分容易造成動線、布置上的困擾！

樓梯出入口和轉折處可置上小小的，不妨礙通行的

小盆栽或壁栽，這樣有引氣的效果，還有夠亮的燈光、平安吉祥物，或擺設平靜的平原、河面、風車、晴朗天空圖案，祈使氣順風調。樓梯的扶手面不一定要做成牆，如做成花紋欄杆，更有助室內空氣流通；如果樓梯在室外，周邊應該做好夠高的欄杆或防護牆，否則容易發生危險，此應特別注意。

樓梯下就如樑一樣，壓力很大，甚至因為有人走動而更甚於樑，所以樓梯下不要設置座位和床位，可以擺設櫥櫃、做成置物櫃，或者擺設盆栽化解壓力。至於地下室的入口當然是向下的，此時如果又面向大門，那就更違反前低後高原則了，這時可以在地下室入口做個門或屏牆做為阻隔，防止氣場往下流去了。

第三章
光明格局

　　陽宅乃由風（空氣、陽光）、水構成的磁場，而此三者也剛好是生物成長的三個要素，這裡要探討的是屋宅「光」的影響，從事公益、宗教、法律、政治的人，因為必須「光明正大」，尤適光明格局。

◆ 一　外大門、庭院、玄關

　　光明格局的人有「天下先」的意味，同時代表國家或單位的正統，並執行它的律法，所以也講究王者格局，可參見該章，光明格局的陽宅如有未臻理想之處，則應注意要以光明補充能量，以彌補不足之處。

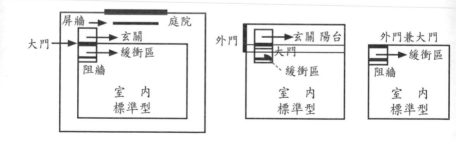

屋宅的光明象徵首推「門」，猶如人展開懷抱，接納世界。門有外門與大門，但哪個才是「大門」？廣場、庭院、圍牆、陽台那個門，是「外門」；「大門」指的是建築物主體那個門或入口（有些建築物如學校、公共建物就沒有大門，只有入口），好像臉上那個嘴巴一樣。有些大樓、空寓裡面又分切許多個房，那麼建物的大門和個戶的大門不同，建物主人在意的是建物的大門，個別住戶注意的是個戶的大門。

　　光明格局的標準型，外門宜大，氣勢開闊、納陽；外門開在中間，中正之意；如外門開在左邊，符合「龍邊動」的原則；如開在右邊便違反「虎邊靜」的意旨。外門適合用欄杆型的，不適合用片幕式的，如此才可納陽，又不會故步自封，但欄杆化凶，所以可採用花紋或特殊造型，裝個吉祥物；如怕人窺見裡面動靜，可在庭院裡不妨礙大門進出與不要擋住窗戶的情況下設置小花園，或以淡色窗帘輕掩玻璃窗。外門平時不必全開，可以在左邊開小門。外門宜大但不宜過高，因為只有囚禁單位的外門和圍牆才會高，外門如太高又用片幕式的，整個陽宅的風、光就遮擋住了；外門也不宜尖的造型，因為陽宅一向不喜尖型的物體對著自己，何況大門本身是尖型的？此外，外門上方不宜加頂、蓋、橫楣、樑，因為外門與大地相通，加了之後反而自我設限，也造成

消防車或高大車輛出入的困難，而且樑本來就為不祥之物，何況壓自家大門？有人在外門的上方做頂蓋，又將盆栽擺在上面，不但「壓」力更重，且有墜落的危險，還真要祈禱能夠「出入平安」呢！

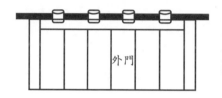

外門上方不宜加頂蓋、橫楣、樑，如又擺盆栽，「壓」就更重了

　　外門（大門、窗戶亦然）不喜面對出去有大片的山丘、大樓、圍牆、土堆、巨物橫擋在前，這樣不但擋住視野，也使屋宅沒有開闊性，象徵「前途」窒礙難行，此時可以掛個凹透鏡，因為凹透鏡就像放大鏡能聚焦陽光一樣，可以將能量聚焦過來，但凹透鏡本身祥煞皆化，所以上面應該再點上硃砂，如此才能再化吉；掛個山海鎮亦可，讓山海鎮的大海百川流向自己，但山海鎮的圖案必須注意，有的山巒畫得太大、如此便阻礙百川流入，所以山巒不能太大。大門內如能裝飾面向內的河川、船隻、動物……等，也有將氣帶進來的吉祥象徵。

　　同樣的，外門（大門、窗戶亦然）亦不喜面對出

去有樹木、電桿、柱狀或高聳、奇怪、尖狀的高物，如此便將氣流一分為二，讓家門的氣場變成兩股，此時問題較不嚴重，處置方法與上同，或只要掛個吉祥物化解即可。樹木或柱狀物面對屋宅不見得構成危險性，很多是心理的障礙，一般非帶電物的安全「最短」距離參考是：一、將柱狀物的高度當長度，如在長度範圍內為危險區（如坍倒、聚電效應、直接壓迫感），應多做防備；如果超過兩個長度之外，便是安全區，可不用多慮；在兩者間的是緩衝區，可稍做防備。但以上僅為參考，安全距離需視實際物體帶電量大小而調整增長，帶電量越大（如電線纏繞、電塔）需要的安全距離越長。

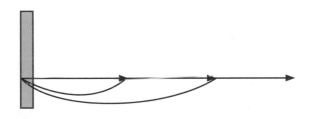

樹木、柱狀物的最短安全範圍

二、在外門多少角度內才算有影響呢？一般以正中心的左右各22.5度，總和45度為有影響範圍，因為45度

剛好是一個八卦的角度，越中心影響越大，超過一個卦位就無妨了，不用憂心忡忡。

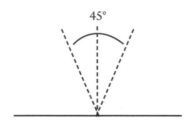

有些豪宅或機關，喜在外門正前方外立個大藝術品，剛好擋住外門出去的視線和路線，陽宅不喜前面有物體阻擋去路和視線，此舉剛好犯了這個禁忌，所以戶外藝術品應該置於外門兩旁，如此不但不會變成門外障礙物，還有從兩旁拱持的意味呢！

亦有人喜在外門左邊建一個柱狀物（這是車或人來的方向），認為有石敢當的作用，此乃大錯特錯，因為屋宅不喜面對或旁有柱狀物，容易有尖端及聚電效應，何況屋宅本身就帶柱狀物？此時放個大一點的藝術石（石磨不成，好事多磨）或巨重盆栽就可以了，同時這樣會造成對面住戶面對柱子因而不滿，所以不要隨意立柱型物，損人害己。

外門因為是屋宅的第一門面，所以應該莊嚴，不宜花俏，也不宜花枝亂綻，否則輕薄，輕薄則不易大成。但外門也是與外界接觸的第一道關卡，所以，如果環境許可，可以用適當的盆栽、裝飾、春聯、吉祥物來增加它的抵抗力。

　　外門旁的四周一般會有圍牆，圍牆一樣不宜高（擋風、擋噪音除外），如果為了防賊必須增高，上面的部分可採鏤空設計，因為這個高度已經不怕人家路過窺視，但卻可以讓風和光線通過。圍牆上裝置鐵絲網、尖刺、玻璃當然也不好，因為陽宅又非監獄，同時如此裝置，陽宅反而變成「凶宅」，所以可以用監視設備、防盜裝置（如紅外線、感溫裝置）來取代；圍牆內如有種植樹木不宜超過牆頭太多，否則又擋住風、光、視線、門面了，如果樹木已經超過牆頭，則要修剪或做造型，使它不要完全擋住風光。

　　外門至大門之間有一個庭院或陽台，此處應該見天、見光、空闊，如有立體造型物，應該靠邊，彷彿人的心胸光大，所以也不適合將庭院或陽台加全蓋或封起來，否則主廳會因而失光，如不得不加蓋、加封，則可以挑高（做成拱弧形佳，象徵天圓），並留天窗及窗戶的位置，同時用透光的建材。庭院或陽台當然也不適合堆積物品，因為這裡是屋宅的門面，給人第一印象，同

時堆積物品便擋住光線、動線，雜物以擺置住宅後面爲佳，亦有「庫底」之意。

有些建物在庭院的外門後方設立屏牆，或放置屏障以防止人外人窺見裡面，但此物除了軍警單位、任務保密機關，或建物對面有沖煞、強風，否則並非必要，如眞的需要可用花圃、樹排取代，可增加美觀，亦能增加空氣與陽光的通透。

進入建物主體的大門前，應設個玄關，外面的氣流在此可有個迴旋的空間，也方便人在這裡準備進入屋內的動作，如等候、脫鞋、收傘、拍塵等，玄關可以加蓋擋雨，或圍一邊，但仍不宜全封，如加蓋又加封，便成了屋宅的一部分，而非玄關了。玄關因爲大多擺放鞋子，如果鞋子在門口一片排開，對氣流進入屋宅並不好，所以應該在大門旁邊擺設鞋櫃，避免鞋氣直接進入。傘亦然。

玄關後是大門，大門喜開左邊、門窗並置時門不宜比窗戶低，而且大門上邊不宜裝冷氣、抽風機等物，以免進門便經過一道電波震撼教育，或進門之氣在此就變了質，門楣（即門的上方）應該空闊，古人在此上匾，是所謂「光耀門楣」，所以門楣是非常重要的地方。光明格局的人，門宜採淡色、光亮的門面，以增加光明的氣息，也可在門上裝飾紅色（屬火）的飾物，增加陽

氣。有些人大門喜用紅色，紅色雖然象徵陽氣，但紅色太大片會讓人亢奮進而焦躁、心神不寧，所以紅色可以廣用來做爲裝飾，但不宜做爲大片底色。大門的上沿或兩旁，可以做成玻璃帷幕或透明磚，這樣會更光明。

前面提到，如果外門開在左邊，大門又開在左邊，氣流便容易長驅直入，此時可以在外門裡面擺設盆栽或小花圃，使動線變爲彎曲；如果空間不夠，則可在外門和大門之間，裝置壁型盆栽，以緩和氣流，此時大門都應該時常關上，並可在大門前裝紗門，增加一層阻隔，並在紗門上裝飾吉祥物或紅色飾物，陽台型與簡單型的大門外最好也有紗門。

此外，大門也象徵「嘴」，所以門板前後除了吉祥物外，不宜掛上零零碎碎的雜物，以免家內口舌爭紛不斷。大門跟外門一樣，都有防禦功能，所以可以莊嚴裝飾，最好貼大紅春聯，「大紅」即「大陽」，可以避諱招吉：貼「春」，表示三陽開泰、日日好日；貼「福」，象徵五福臨門、福星高照；貼「貴」，象徵屋宅華貴、內外有貴人；貼「祿」表示福祿有餘、屋宅藏祿。春聯會褪色，所以應該年年替換，同時將積氣清除，同樣的，掛在門口或窗口的吉祥物如褪色就應更換，以便「汰舊換新」、「生生不息」，否則反而不吉。現在有些公寓大樓的大門往往開在沒有日照的內巷

裡，這時，門板、門兩旁、門楣都貼上大紅春聯，不但有生氣、吉祥，也很便宜、方便。總之，春聯是一種很經濟實惠的吉祥物，可多利用。

以上所提是大門以外的設施，總之，屋宅喜歡前面是空闊平坦的，這樣陽光、氣流和視野、精神才能充分展開，因此，屋宅前最不喜有大樹、柱子、土堆、圍牆、高樓……等擋住。同理，從屋宅的大門和主要採光窗望出去，庭院、植物、擺設、外門、外牆……都不宜高大，否則變形同自我設限，有人甚至將庭院、外門、外牆都連成一氣加封起來，此時，人、氣也會舒展不開！

進入大門後可以有個簡單的緩衝區（內玄關），如果外門、庭院（陽台）、玄關的防護已經不錯，室內緩衝區可以稍微簡略，如果感覺還不夠則可以在此再增強（如外門、大門直通），但對於簡單型的住宅而言，因為沒有外門、庭院、玄關的緩衝，所以室內緩衝區更形重要。緩衝區主要是不要讓氣流直接衝入屋宅，所以進入大門後約兩三步處（長度視實際空間大小而定）的正面，設置一面「阻牆」（可為短牆、櫥櫃、屏風），使氣流在此可以迴旋緩和，而這面「阻牆」便也成為進入屋宅後正式見到的第一個建物，所以相當重要，應該布置的簡單（因為它還不是正式宅內，不用太豪華，財不

露白）、吉祥、端莊，並不要堆置雜物，損害門面，尤其雨傘、雨衣、安全帽很容易就順手掛在這裡，應該戒除這個壞毛病。有人喜在阻牆的位置擺佛神像，這很不好，因為佛神像不是用來看門的，縱使是裝飾品也應該放在動線少、安全的地方。

阻牆沒有一定的樣式，但光明格局的人，阻牆可以用半透明玻璃、光面建材，或清淡明亮的色澤，以便陽光進來或增添光明的氣息。充作阻牆的屏風、櫥窗不要高到天花板，或寬到很大，只要有門的高度、寬度，就足以擋風阻隔，屏風、櫥窗太高大在陽宅都不是好事，除了有掉下來的危險性與壓迫感外，也阻礙空氣流通和動線進行。最簡單的阻牆，當然就是一株茂盛的盆栽，但要考慮它應該夠茂密，能阻擋氣風，而且最好綴上紅飾，化為陽氣。

二 光明補充能量、地下室

光明格局的人最愛充滿能量，其中首重自然光線，因為太陽為宇宙總能源，大放光明，則能量充沛，所以必須有高標準的採光要求，東邊日出處、南邊正陽處，務必有窗，以便一早便納陽，窗戶可以大、多、高，窗帘可採白紗，或白色紗窗，使更多光線進入。此外，家

具可採用玻璃（非鏡子）或淡色光面，可反光增進屋內的亮度；屋內應該採白色明亮的色系，不喜深色系；對外的牆壁可多採用透明磚，使房子有更多光線；避免過多的隔間阻礙陽光的擴散；房屋設計時可以預留天井，以便採光。

　　自然光線若不足，可用省電燈泡補足，尤其正廳、主要活動場所不可馬虎，也可以將天花板的燈罩除去（或採用沒有燈罩、小燈罩的燈飾），以便讓燈光做最大的發揮。燈光除了選擇省電燈泡外，切記不要購買藍光超過20％的燈管，以免傷害視網膜。日落以後，門口的燈可以打開一會兒，延續光明的氣氛，晚上就寢時，屋宅正中處的燈可以亮著，使屋宅仍有光明之氣，但現在講究省電，所以可在上述之處懸上紅色燈籠裝飾，也有異曲同工之妙。

　　補充屋宅能量的另一個方法是「火」，所以可多用紅色（紅屬火）的裝飾、吉祥物，來增添宅內的氣氛。並可掛戶外陽光燦爛的平原、天空、野外圖案，來增加光明氣息。屋內光線不足之處，可在高處貼大紅春聯「春」（正貼，三陽普照）來增加陽氣，所以過年時，屋宅內外的大紅春聯也要每年更換，並多多益善。

　　特別一提，屋宅或光明格局雖喜陽光普照，但整棟玻璃帷幕建築卻也不宜，因為除了一舉一動皆被外人洞

悉之外，建物的安全也不夠（玻璃不如牆堅固），人會沒有安全感，同時也容易產生溫室效應，不符合環保原則。

屋宅中最缺乏自然光量的地方莫非地下室，而且地下室也最容易積聚濕氣，所以必須有足夠的照明、除濕。因此，地下室如要發揮長期活動或居住的功能，則必須注意下列幾點。

一、有足夠而且廣大的天井，充分讓地下室與地上的陽光、空氣流通。

二、地下室可以挑高，做出突出地面的天窗來納陽、通風。

三、地下室的隔間、梯牆，可做鏤空型或欄杆型，讓光線、空氣更加流通。

四、可用透光建材、透明磚增加光線。

五、裝潢採白色系、輕色系，增加亮度；用光面或玻璃面家具，增加反光；多用紅色、綠色、黃色飾物來增加鮮麗感。

六、應有暢通的抽風口，並有足夠的除濕設備，始終保持在適當濕度。

七、擺設土生盆栽（吸水氣），隨時探視生長情況，據以判斷環境是否適合。

八、地下室的天窗、櫥櫃、抽屜、電燈應該定時全
　　部打開抽風、通風、以電風吹拂，直到陰氣全
　　部相散為止。

九、地下室不宜堆積容易儲存水分的物品，如棉
　　被、布偶、紙箱、報紙……等，當然也不宜
　　再擺設水器；可多放能吸食水氣的物品，如乾
　　土、小植物。

十、除非必要，地下室一般以不設神堂、不擺神像
　　為宜，如果真的需要，則以地藏菩薩、包公為
　　佳。

三　靈魂之「窗」

　　光明格局的人最重視「窗戶」，因為眼睛是人的靈
魂之窗，同樣的，窗戶也是屋宅的光明與靈魂之處。窗
戶除了前面提到的重點外，門也可以採落地窗，使更多
陽光進入。

　　窗大能接受陽光，使陽宅光明興盛，但窗大亦容易
招致日曬而悶熱，所以窗戶應該有窗台或窗簷，如此便能
接受光線，但擋掉從上面照下來的陽光。在外就擋掉陽光
比在室內裝窗簾效果更好，因為前者在陽光尚未進入室內
就遮擋掉，而後者的陽光已經穿透玻璃進入室內，溫室

效應也產生了，只是避免直接曝曬而已。如現成屋宅無窗台、窗簷，在玻璃外邊貼隔熱紙是很好的方法。夏天在窗前擺置水生植物或水器，可以利用水來降低陽光的熱度，同時也讓送進來的氣流因有水氣而涼爽。

　　此外，如何開窗戶也是一門學問，一般習慣窗戶開一邊，這樣不容易造成空氣對流，如果將窗戶開兩邊，因為對流效應很快就可散熱或散掉濁氣了。同理，只開窗不開門，或只開門不開窗，房內對流效應也是有限，如果又開窗又開門，氣流也是很快就流通了。

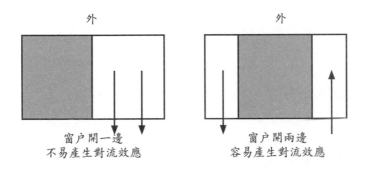

窗戶開一邊
不易產生對流效應

窗戶開兩邊
容易產生對流效應

　　窗戶大又多雖然好，一般人不喜大門與正廳的窗戶太開放，以免被外人一眼看穿室內，此時可以用白色薄紗窗簾，或一些清淡的裝飾、半透明玻璃貼紙擋在人的

視線範圍處，如此便可採光又同時避免外人窺看。

　　窗外不能堆積雜物或種植太大植物擋住視線以及光線，否則成為死窗，猶如人的眼盲了，也只是徒具其形，並無用處。窗外景色宜開闊，有如人可以遠瞭，眼界可以宏寬，心胸也可以開闊，如果窗景被堵住了，可在窗戶的上沿或窗戶上掛些明亮、有自然情趣的小飾品或圖案（勿太大擋住視線與陽光），或裝上白色、淡青色小窗帘，心神也可遐遠。

　　大門及正廳窗戶上的玻璃有如人的雙眼，應該時常擦拭明亮，運勢才會光明通暢，試想，店家或辦公室的門窗玻璃如果灰濛濛的一片，又怎會有好人氣、好生意，氣氛怎會和樂、興旺呢？住宅當然也是一樣。

　　窗戶的造型不宜外突，在標準格局裡，宅外有庭院，門外有陽台，窗外有窗台，都是在保護屋宅不要直接與外界接觸，避免直接受到外境的影響。以窗戶而言，如果外面沒有窗台，窗戶直接嵌在壁上，甚至做成八角窗、半圓形突出室外，則必然直接風吹日曬雨淋，平時風來窗戶嘎嘎作響，令人心煩；或陽光直入，使室內燠熱；雨天滲雨，颱風天還可能因為突出於外而被擊破，此時室內怎得安穩？所以窗戶不要突出室外，宜有窗台保護，否則可加鐵窗、窗帘、防爆／隔熱貼紙，隔絕外物直接侵擾內宅。

第四章
活水格局

　　「水」不但是風水裡重要的因素，日常生活中，一般人也常為水的問題而苦惱，而且水主財，水的問題處理不好，諸多問題、是非便會叢生，從事與水有關行業的人，尤應注意。

◆一 陰濕地、水財、溝渠

　　關於陽宅水的問題，首先要注意，不要選到「陰濕地」，亦即，因為本身地質土層的關係，地底有水源、豐富涵水量，或受周圍環境影響，土地濕氣重，如此屋宅便會終年潮濕霉晦，同時水能生陰，陰氣漫漫，所以無法昌旺。判斷「陰濕地」的方法是，此地白日有太陽時，他處炎熱，唯獨此處亦覺涼意，晚上則更是陰寒莫名；土壤常年濕潤，雜草叢生，草根多留水分，並且青苔層層，能聞水味；更科學的方法是，緊鎖的屋內，一打開即發出水霉青苔味，用計濕器必能量出高濕度。這種天然「陰濕地」很難用簡單方法克服，如選作墓地，棺木經常腐爛、浸水、泡屍，祖靈不安，應即早搬離為宜。

除了陰濕地外，一般陽宅關於水的問題，有外部與內部兩個問題。外部的水有河流、水塘與溝渠。河流部分可以參見「府邸格局」的「前水後山」，命格沖水的人，如事業或住處以「火」為主材者（火、油、溫度、電、光學），應避免被河流的水氣旋風波及，以免水剋火勢，風火蔓延。如果已被波及，則應做好足夠的擋風牆、擋風窗，這實質的傷害無法只用吉祥物象徵的力量抵擋，只能在做好防護設施後，再以吉祥物象徵的力量補強，如以盆栽吸水納風、以風獅爺鎮水風，或以黃色（屬土）的吉祥物來剋水，此外，葫蘆是風神的寶物，也用來收藏風。

　　至於水塘或水器，一般人都知道水主財，此外更應該知道「水」正確的觀念是：活水才是財水，壞水卻是敗水，猶如水能載舟亦能覆舟，所以要「不塞、不漏、不積」，如見漏水以為見財，見積水以為積財，可就大錯特錯，有些房宅、飯店一開始在屋前弄個水塘，有噴水、有迴流、有水生植物、有游魚，是活水，能帶來新鮮的水氣和好運；但日後疏於管理，變成一潭長苔、長孑孓的死水，卻只能帶來腐氣和衰運罷了。

　　此外，也應注意，水塘、水族箱、水生植物……的水一定要為活水，即經常轉動、透澈，否則應時常更換，如果混濁不清、含氧不足，運勢反而敗壞，不如不

要，尤其命格屬水之人，如事業或住處以「水」為主材者（水、漁、冷凍、自由業、運輸業、旅遊業）應特別注意。

水主陰，所以陽宅內的水器不要太大，也不要放太高，不然也有危險性，有個水器置在茶几高度的財位或北方（北方主水）轉動，活絡場氣帶來好運即可。有些商家喜歡在入門處或財位擺上一個比成人高的大水族箱，除了做海鮮、水族館等相關工作外，這樣做並不會比較好，五行應該平均，並可以加強它們的活絡來增加運勢，雖然對自己欠缺的五行可以加強，但不要多到破壞五行的均衡，好似我只要一瓶水解渴，卻隨身扛了一缸水，反而累贅氾濫。所以，應該建立一個以「活絡」來替代「加量」，也就是「質變」而非「量變」的觀念會比較正確。在陽宅庭院挖水池道理也是一樣，可見「府邸格局」中的「前水後山」。

溝渠部分則是屋外的排水溝，如排水溝廢水或溝氣倒灌，則應該疏浚水溝，並將不用的排水孔「暫時」封閉，或以盆栽置於其上（吸收水與氣），並應加強通風。門前或屋旁的排水溝應防淤泥發臭，孑孓舞動，所以應該經常疏浚、消毒，否則夏日腐氣蒸漫、雨天惡水倒灌，不但腐水帶來敗運，對全家健康妨礙亦大。同樣的，這實質的傷害一定要實際解決，不能只靠吉祥物象

徵的力量。

　　屋宅與排水溝的接口便是「排水孔」，很多人家裡有腐臭味、蚊蟲亂竄，夏天尤爲嚴重，經查竟是由廚房、廁所、浴室的排水孔傳導上來的，但以上之地的排水孔又不能封閉，所以不使用排水時，可用水桶、沐浴乳罐等，臨時將排水孔遮上，杜絕腐味與蚊蟲藉此上來。但有一部分的腐味與蚊蟲卻是因爲廚房、廁所、浴室的排水孔阻塞所引起，所以上列排水孔如有阻塞應該立即「通樂」。

◆二 廚房、暗管

　　屋宅內部經常發生水問題的是廚房、衛浴和暗管的潮濕、漏水、積水。水格局的人尤應注意。

　　先談廚房，廚房是火烈水沸之地，蒸汽漫漫，水火相交，傷害性很大，所以廚房如果在工作時不能散熱、工作後不能讓蒸汽散發，長期下來便會對屋宅和家人身體有很大的損傷，尤其女性多於廚房工作，婦女病多屬水症，這方面的影響更大。再加上，廚房的油煙四溢，瀰漫整個空間，還會沾附在壁板上，對肺部和皮膚有非常不良的影響。因此，廚房最重要的工作是：良好的通

風，如此便能除濕，又能讓油煙快速散逸。

　　古人將灶（廚房）設在南方，意思就是南方可以納陽，因此可以消除廚房的水氣，保持乾爽，以免廚具因潮濕而滋生細菌；此外，灶上有煙囪，四周有很多鏤空小窗口（不安玻璃，只加強屋簷的長度不讓雨水從鏤空窗口打進來），並且有外門，便是二十四小時的通風考量。

　　現代廚房不一定位於南方，但一定要保持通風，廚房要臨窗、臨外門，工作時門窗都應打開，但現代很多屋宅屬封閉型，廚房完全沒有與外界相通的窗道，此時可裝置抽風機、抽油煙機，並且一定要打開使用。

　　此外，廚房水管一定要保持暢通外，流理台水出口一定要有過濾裝置，將菜渣飯屑濾過，並且立即清除，否則菜渣飯屑積在水管、渠口、水溝，便會腐敗、積水、惡氣倒灌。另外，食具碗筷一定要立即處理乾淨晾乾，不要泡在水裡，以免產生腐水之氣。洗好的鍋碗瓢盆口不要向上，這樣水漬才會順勢流下；如果口向上，水漬會積在裡面，灰塵也會沾在上面，一般習俗喜歡碗口向上，表示有飯吃，這觀念可以修正。廚房用後隨手把水抹乾淨，並將抹布張開晾起，不要捲成一團丟著。現代廚櫃通常做門表現美觀，但應該時常將廚櫃的門打開通風，防止濕氣、濁氣鬱積，尤其是下層與地面接觸

的櫥櫃尤然。廚房採光、通風務必良好，否則便可以電風吹，保持乾爽，如果沒有外窗吹拂，便不要把廚門關起來，以免將濕腐氣悶起來，腐上加腐。

現代透天厝，很多廚房置於屋後，而其下又是化糞池，變成廚房的熱水與化糞池的陰水相沖相交，所以對工作的婦女不利，此時除了還是加強通風排除熱水與陰水外，也可以直接在地上的化糞池上頭擺置盆栽吸收化糞池傳上來的陰水之氣，如果空間不夠或位置不當無法擺置盆栽，也可以在附近牆邊裝上壁型盆栽，還是會有助益；不然，也可以在其上舖上防水墊，阻止陰水往上竄升，墊可以是綠色，青木吸水；或黃色，黃土剋水；不宜紅色，以免水火再相蒸。

至於暗管漏水，除了生活上習慣在出水口做過濾裝置避免雜物積聚水管而積漏外，如果因為建物本身的問題，應該立即派工處理。如果下雨滲水無法處理，不妨加蓋屋頂，可以避免。總之，暗管漏水是很嚴重的問題，不應該忽視。

三 衛浴、除濕

衛浴間是屋裡最穢濕的地方，古人將浴廁置於戶外，便是不想穢水蒸漫，影響屋內乾淨清爽。現代衛浴

大抵乾淨，但仍應以通風、排水為要，所以最好置於有外窗之處，方便納陽招風，否則應該裝置抽風設備，並且不要吝惜使用，務必將水氣、污氣抽完，隨時保持乾爽。如果發現衛浴的牆壁、天花板有霉點，或放置的書冊有捲曲，便是水氣除不乾淨，務必立即改善。有的衛浴設於室內樓梯間底下，根本無法開窗、裝抽風機，此時就可以考慮裝個電風或空氣濾靜器兼除濕機。

衛浴應該每天刷洗，清除各種油污皂垢，並將穢棄物立即處理，以免悶生穢氣。台灣人習慣將用過的衛生紙先置於垃圾桶，日後再一併收拾，以免阻塞馬桶，但造成累積用過的衛生紙致廁所產生異味，所以可選擇水溶性衛生紙，用完即丟入馬桶沖掉，不會阻塞也不會堆積起來。衛浴設備使用後應該習慣隨手將水趕進出水口，並抹拭一下，以利水氣迅速蒸發。此外，不要再放置有水的水生植物，可以改為土生盆栽，幫忙吸水。除非停水備水，澡盆裡不要積蓄存水，容器裡也不要積水，任何盆瓢容器都應該養成不要開口向上放置的習慣，以免積水。

家裡如果有過期的茶葉、茶包、花茶、剩餘的咖啡豆渣，都可以擺置在廁所裡，可以有芬芳的味道；廁所有糞味或異味時，可點一下打火機，利用燃燒原理，將積氣很快的燃燒掉。

陽宅格局上，一般人不喜面對浴廁，或將浴廁視為不潔、不雅之地，所以浴廁的門經常闔上，但如果浴廁不夠乾爽，又經常關著門，只會讓浴廁更成為積聚濕污之地，此時可以在門前擺個小屏風，避免浴廁直接衝人，但門還是可以半打開通風；或者可以在浴廁門前加個「小」帘（不要大，以免妨礙通風）做為阻隔，但門還是半開通風。如果怕濕濁因此跑出來，那就更應該隨時保持衛浴的潔淨與乾爽，如每日清洗、抽風、用電風吹乾等。

　　此外，床不喜擺在隔壁有衛浴室之處（床頭尤然），因為水或水氣經常鑽入牆壁裡儲存起來，造成濕氣過高對人產生危害，尤其以浴缸或蓮蓬頭這些經常與水接觸的牆面尤然。如果房間牆壁緊鄰衛浴間，而牆面有霉味、油漆粉化、表面剝落、掛在牆上的東西有苔味，就表示衛浴室濕氣過重因而滲透此牆之危害已經甚烈，此時應當立即挽救衛浴危機，如增開窗戶、裝抽風機、隨時打開門散水氣等。

　　此外，衛浴的牆壁宜貼釉面光滑的磁磚，阻隔水或水氣進入牆壁，如果床頭不得不靠衛浴這面牆擺置時，可以擺個床頭櫃做為阻隔，如果空間不足也可以只擺個床頭板；櫃或板不要緊貼牆壁，可以留些縫隙通風，以免水氣直接滲透；櫃或板的靠牆面可做防水處理，如上

油漆、貼塑膠紙等，防止水氣滲入。床身不得不靠衛浴這面牆擺置時，也是可以做床側櫃或防水隔離板，床並離牆兩三公分，睡覺時不要依在牆邊，牆邊應空著，做為間隔。此外，此時的床櫃、床底不應堆放棉被枕頭、衣服、書籍、報紙，因為這些物品會吸收水氣，使床位更濕，並發出霉味，嚴重妨礙健康。睡覺的被褥、床墊經常烈日曝曬除濕消毒，冬天可用暖爐來驅逐水氣和寒氣。

　　人適合的相對濕度在50度左右，如果室內不能保持屋宅的乾爽，則應該利用開門窗、土生盆栽或電風、除濕機來吸收水氣，水氣（濕度）重絕不是財氣重，等到水氣獲得控制了，來談擺設水箱、水車等才有意義。水污化蛇氣，土、山等吉祥物可鎮水氣；鷹、鵬、鵝可鎮蛇氣；如果想要水氣順暢安平、興旺化財，可用龍、鯉、水牛（黃牛屬土不行）、海龜（山龜不可）來駕馭掌控，增添吉祥。

　　因為水火相剋，所以衛浴（屬水）與廚房（屬火）不喜相對，也不喜相鄰，但，如果衛浴與廚房都已經做到清潔乾爽，其實也已經無妨了，此時只要在做些小防護，避免直沖即可。

第五章
福地格局

　　所謂「福地福人居」，有福的人倒不是爭王爭勝，而是求得無災安穩。以陽宅而言，顧忌眾多，要弄得面面俱到十分困難，所以「福地」並非在布置強勢格局，而是講究能化解各種煞忌，這倒是所有人都可以學習的。

◆一 宅外忌沖、化煞法

　　福地首先要求「風」、「水」調和，所以可先參考「光明格局」和「活水格局」，再來則求「化煞為安」。陽宅對大門、窗戶、出入口的朝外忌諱很多，不可面對這個，不可直沖那個，零零瑣瑣，其實就一個概念：「忌沖喜迴」，五種「沖」可複習「府邸格局」的「忌沖」。譬如家門口前面被堵住半邊（半邊煞），或堵住兩邊中間可行（天斬煞），這樣氣流沖來更急、磁場更銳，反而比全面直衝還糟……。以上所說，窗戶或任何對外出入口亦然。

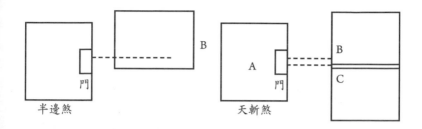

半邊煞 | 天斬煞

　　但事情是否真有這麼嚴重？其實倒也不一定，主要是以實際大小、距離、影響而定，譬如家宅門前有棵巨樹，確實會影響風、光，也影響視線、動線；但如果十來公尺遠的地方有一棵電線桿，中間又隔了一條馬路，那種影響其實只是心理的。所以不必遇沖即憂心忡忡，應該仔細判斷，這樣真會增強風速和場力嗎（可觀察灰塵堆積情況與作物生長情況）？真會在心裡造成很大壓迫感嗎？如果不會，那帶煞之說也大多不成立了。譬如：A如果比較高；A、B之中有草原、河流、大馬路橫越或有阻隔物、之間距離大等，其實問題都不嚴重，台語有句話「田沒交，水沒流」，雖是「沒交情」之意，但在風水上意思也是一樣，如果不是同一片地理，其實之間的風水是互動不多的。

　　因為風水上忌諱直沖，所以物與物之間，也就是通道的設計，便喜歡曲線迴繞，如此氣流便會趨緩，對

面的沖擊也會在迴繞中減弱甚至消失，好像江河直流湍急，曲流緩慢一樣。但如果，地形地物直沖已成事實，無法迴繞，或是在空中，根本沒有所謂迴旋，這時就應該採取化解沖煞的方法，一般常用的化煞方法有：

1. 緩：退後、增加緩衝區，如庭院；用另外不同方向的動線來沖擊，將氣流減緩，但此方式會產生撞擊力，所以應在離屋宅較遠處為之，如在門前反而不好。如圖。

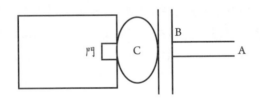

路直沖門宅，但B路與A路90度衝向、
C地迴旋，便有緩衝的功能

2. 擋：在前方設屏障，擋住氣流來襲，如阻牆、樹叢、石敢當、阿彌陀佛碑、地藏像（碑）。

3. 化：將力量轉移掉，如圓、拱、風車、斜坡，氣便轉往四面八方散了。

4. 夾：在兩旁設輔助，幫助抵抗來襲，如大門兩旁擺櫥櫃、盆栽、獅子，但以一對為佳，一隻則效果不好。

5. 靠：即靠山，在物體之後增加支撐力，如後有牆、大櫥櫃、重實之物。

6. 散：物體留間隙，讓氣流通過，不要全面力抗，如布幕招牌打洞、房屋體積大則應分棟（亦有防火巷效果）、樹木不要枝葉茂密。

7. 吸：如用盆栽來吸納風氣與水氣；或用水來吸收高溫或火氣。

8. 通：屋宅空氣、排水通暢，將不好的氣息都排泄掉，如窗戶、溝渠。

9. 活：增加屋宅活化，代謝不好氣息，如開窗納陽、盆栽、轉動水器。

10. 鎮：強化本身的穩固、能量，不怕氣來沖，如：重實之物、鎮宅物。

11. 制：以陽制陰、以光制晦、以五行相剋，如紅色（陽）制晦暗（陰）。

12. 吉：用信仰、吉祥物來化解凶氣，如龍鳳呈祥、門獅化煞。

以半邊煞或天斬煞為例，有很多化解的方法：庭院

做整片式的鐵門、庭院內設屏障、大門前再裝小門、大門後擺屏風、種植樹木或盆栽幫助吸收氣流（擋煞用的盆栽，盆座應由土石製作，並宜厚重）、裝置風車減弱風速或改變風向……；可以設置石敢當、八卦鏡、化煞吉祥物……

相對來說，當從A門要走出去時，道路變窄了，沖擊變大了，感受很不好，這時可以在B或C對準大門的地方做些吉祥的裝飾，使照射過來的氣場變祥和，所以路上常見「對我生財」之類的紅字，當然貼個「春」字，象徵見天日，也是很好的。如果B、C不方便修飾，那麼可以在屋宅大廳接近出口處放置面向外的展翅高飛的老鷹、氣勢宏偉的老虎、風箏、飛機等吉祥物或畫，不但化煞，又象徵外出鵬程萬里、老虎下山，在逆境中反而才能顯現非常氣勢（逆風才能起飛）。

又如，剪刀煞叉口，這時建物可以後退，不要直接立於叉口處，空出緩衝區，叉口處可加高，或擺設石敢當、巨重盆栽、裝置堅固的欄柵，兩旁也可以增築圍牆、種高一點的樹來減輕氣流的沖擊。如果寸土寸金必須蓋於叉口，也無法築圍牆，那一開始便應該增加牆的厚度，不然事後應補強厚度，或裝置堅固防護欄杆。

二 宅內忌壓、吉祥物

上節談的是宅外的沖煞，本節要談的是宅內的沖煞，宅內有哪些沖煞可複習「府邸格局」的「忌沖」，譬如房門不可對房門，房門不可直接對通道、廚房、浴廁、鏡子、壁角、尖銳物、不祥物、能量鋒露物、佛像、神龕……（以上床向、座向都適用）；廚房與浴廁（水缸）不可相對，水火相侵……，亦都可用上節十二種化煞法化解，譬如在尖角物前放置可以擋住銳氣的裝飾、盆栽、吉祥物等，因為同樣都是「忌沖」原理，不再贅述。

其實陽宅內的沖煞除非地形地物特殊，否則一般而言並不會太嚴重，並不需太憂慮，適當的擺設與吉祥物都可化解。這裡要特別說明，吉祥物的用法，常用的吉祥物有三類：化煞、招財、鎮宅。

化煞物可分兩種，一種是物體的，一種是動物的。物體的化煞物如八卦鏡、銜劍獅、山海鎮等，化煞力太強，應該放在室外，不可放在室內，台灣人喜歡沒事掛個鏡子在門庭上頭消消煞氣，其實這是錯誤的，這些東西可以化消（凹鏡）化散（凸鏡）或反射（平鏡）照見的任何氣場並不會分辨吉凶，所以如果沒事也不用掛著玩，不然化了煞，也擋了吉。同理，刀、劍、兵器……

等也是一樣，如非必要不需擺設。

動物化煞物較有靈性，可以分辨吉凶，但較為凶猛的，如：獅、虎、鷹，還是以置於門外面向外為宜，如古人將石獅立於門兩旁或做成外門的猊（獅）環銅扣，但不會置於室內，如非置於室內不可，應置於室內門窗附近面向外，遏止厄運進來，並不要向人，且繫上紅飾物，降低在宅內的傷害性，同時應該知道，獅者師（智慧）、虎者福、鷹者英（揚）……，給於吉祥的定義；較為溫馴的如公狗、公雞、靈龜可置於室內。

招財吉祥物，如立姿布袋和尚、牛、馬、貓、三腳蟾蜍、錢鼠、金豬、鹿（祿）、蝙蝠（福）、船、車……置於室內門窗附近頭向內，表示進門，或置於宅中頭向內也可以。招財貓、招攬客戶的電動娃娃，因為它招來的東西不知是好是壞，所以應置於室外，後有門神把關，打烊後再關閉電源帶回去。

鎮宅吉祥物，則應坐內向外，如神明、臥姿布袋和尚、龍、麒麟、鼎、權杖……，表示君臨座鎮。

另外，龍、麒麟、貔貅、公雞、公狗同時兼具化煞、招財、鎮宅多種功能，就視主人如何定義牠再來擺設，或者角度剛好可進可出。

吉祥物因為能帶來好運或化煞，所以放的位置不能太低，氣運才會高舉，至少要有茶几以上的高度，但也

不能太高，以不會有墜落下來的危險或心理恐懼爲主，譬如置於櫥櫃頂上、座位後的頭頂上便不適宜；吉祥物放置的位置雖然沒有硬性規定，但以明亮、舒適的地方爲宜，避免沖會廁所、穢物。相對的，不吉的東西不要高舉或彰顯，如掃把、拖把、畚斗、垃圾桶（以有蓋爲佳）、雞毛撢、馬達／發電機（以加蓋爲宜，亦可減低噪音）……等，則以放低、放右、放角落、放後爲宜，不宜置在明顯處、動線處；刀具、工具、尖銳物品、繩索，則應收納好藏好，不要露出凶光。

屋宅除了忌沖，其實也忌「壓」，在結構上來說，如頂上加頂、夾層、違建，危及屋宅支撐力；在設計上來說，如大（外）門太矮、屋頂或天花板過低、樓梯下、橫樑；在裝飾上來說，天花板掛大燈或重飾、座位後上方有匾額或大畫、床頭後上方掛有大照片……等。以上除了有掉下來的潛意識危機感外，也有視覺心理的壓迫感。在上述造成「壓」的物體上再置上物體，便是壓上加壓，「壓力」當然更重，如小屋頂置重物或廣告、矮門上又擺盆栽、樑上又裝大燈飾……等。

天花板太低，可參考「王者格局」中「喜居高處和挑高」；床頭或座位後邊牆上的大照片或大畫可以拆除。但，樑無法拆除，又難處理，一般會做天花板將樑蓋住，雖然也可以，但如果因而使挑高降低，又變成

「壓」，也不好，這時可以「化」掉，將樑裝潢成拱門的形狀，它的場力自然就均勻往兩旁低處流化掉。又，可在樑的邊處，最不影響到人的位置裝飾吉祥物，讓壓氣從這邊流洩下來，好像一條溝渠有一個宣洩的出口處一樣。古人喜在樑與牆壁（或柱子）的交接處下方擺置雕飾，稱爲「栱」，就是有「扛起樑」與讓樑氣宣洩的意義。

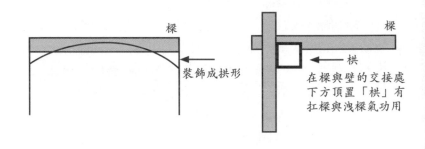

在樑與壁的交接處下方
頂置「栱」有扛樑與洩樑氣功用

此外，可在樑下的牆上裝置壁型盆栽（應高於人），利用盆栽植物的力量吸納壓氣；也可以將樑做特別的裝潢，使它看起來像是垂（吊）飾，並且利用裝飾

物將壓氣分散掉，譬如公司可以在此掛布條、標語、彩帶、圖案、小旗、聖誕燈等，而家庭可以在此做裝飾，流蘇、彩帶、花草、弧圓形、氣球、亮燈、飛鳥、天空、白雲等，可以化減樑的壓氣。

　　如果不想裝修，可以將高的櫃櫥置在樑下，有扛起的作用；樑下不宜作息，但如果不幸非得在樑下作息不可的話，可以置個比人作息時還高的器物在一旁（兩旁尤佳），讓它承擔樑的壓氣。再不然，在樑上貼有流蘇的大橫聯，或「春」字大春聯，增加樑的陽氣，減少壓氣的煞氣。

三 死地、天圓、地方

　　陽宅除了不要選擇「陰濕地」外（見「活水格局」）也不要選到「死地」，亦即，因為本身地質土層的關係，地底極為乾燥、含鹽高，或周邊環境影響使得這裡的土地乾枯異常，如此屋宅便會終年燥熱，並不斷散逸水分，形同沙漠，所以無法昌旺。判斷「死地」的方法是，處於此地身體非常燥熱、心情煩急，地上寸草不生，或木枯草乾，地表乾涸、磚石皸裂剝落；更科學的方法是，緊鎖的屋內，一打開即覺悶躁無法呼吸，用計濕器必能量出濕度極低。這種「死地」很難用簡單方

法克服，如為墓地，為成廳屍，應即早搬離為宜。

陽宅除了不要選到陰濕地、死地外，因為地理講究「天圓地方」，所以在建築上亦喜如此，這樣便能上接廣闊的天空，下接無垠的大地，因而一片開闊暢達，許多地理的問題也可以獲得紓解。所以，古代建築的門、窗、沿多做成圓形、弧形或拱形，並開天窗、天井，除了納光也承天，就是這個道理。但現代屋宅都是方整形，如何「天圓」呢？有幾個方式。首先，天花板可以做成「天池」狀，也就是天花板略低，而中央做成相對較凹進去的大圓形，好像一個覆過來的池子，這樣除了有天圓象徵的吉祥意義外，如果牆邊有樑還可以把它藏掉；中央的圓形區域裝上圓形燈，猶如太陽在天空照耀，增進陽宅光輝，還可彌補天花板不夠高的缺點。現在屋宅較少做天池，但如為了化樑和化高，天池是絕妙的設計！

再者，門、窗如果是圓形，會比同尺寸的方形門窗接受更多陽光，同時門、窗上緣是銜接天空之處，所以方形門、窗上部可以增做弧形天窗，增加陽光的吸收；外門可以作成弧或拱形，也比方形更為吉利；遮雨（陽）牆下沿如能做成拱弧形，也會讓更多陽光進來；庭院遮雨（陽）棚也可以從平面做成弧拱形，除了挑高，也可讓更多光線進來。

另外，因爲講究「地方」，所以福地喜方整格局的陽宅，不喜缺角或畸零地，而且方整格局的屋宅在隔間動線、土地運用上都較爲明爽單純，因而氣場流動也會較順暢；缺角或畸零地，除了沒有上項優點外，還有許多壁角、尖處、活動掣肘，人不但不易舒展，還可能會因而受傷。同時，方整格局可以讓人在一個角度就一眼盡覽全局，所以方便掌控，在照顧上較易面面俱到，但如爲凹型地、凸型地、L型地……，則因爲視線的不能盡覽，所以容易造成重此失彼的情況。

　　如果屋宅裡空間凹入，裡面可嵌置櫥櫃，或裝個帘子當成置物間，使外表看起來平整，人勿居其處，有壓迫性，發展不易。如果屋宅裡空間凸出，造成阻隔、擁簇，可在突出處用空曠的風景、田野畫來開闊眼界，使心靈舒展，或用鏡面、玻璃、反光物裝潢或裝飾，可增加寬闊的效果，但需防人一時不察撞上去，所以應該再用顯目裝飾提醒！同樣的，人勿居其處，容易被撞擊，衝煞。

　　如果屋宅有牆角或尖銳之形，可用盆栽、櫃子、半圓櫃、吉祥物修飾掉。簡單又不佔空間的方法就是到特力屋或建材行買又細（寬約1.2公分）又長的半圓形小押條，黏在壁角兩角，這樣壁角就鈍化不會傷人，也不佔任何空間了。

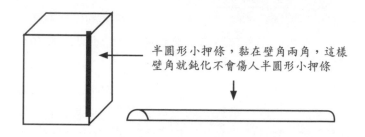

半圓形小押條，黏在壁角兩角，這樣壁角就鈍化不會傷人半圓形小押條

　　如果爲凹型地、凸型地、L型地……，可以在室外缺角處植樹、種花圃、擺設盆栽、搭棚子來填充缺角，並且可以做個較明顯的地界；如果產權不屬於自己，則可以在室內缺角處擺上戶外的圖案，象徵土地面積的延伸，也可以裝鏡子，使視覺加倍，使之延伸。而在室內則應對視線不能看到的地方加強動線、裝飾明顯物、開大窗、增加照明、加強吉祥物，並增多關心與走動的機會，才不會造成一邊的氣場較弱。

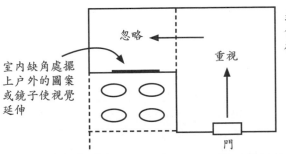

非方整地形
會有重此失
彼的情況

忽略

重視

室内缺角處擺
上戶外的圖案
或鏡子使視覺
延伸

門

非方整地形在室外可以植樹、擺設盆
栽、搭棚子來填充缺角,並做個較明
顯的地界

第六章
雅致格局

　　現代人喜歡雅致、休閒的陽宅，除了能放鬆工作與生活壓力外，也追求一種浪漫、情意的生活，可惜追求的方式多是人工的，而非自然的，不但效果不彰，反而有害！尤其都會的人因為怕太陽，多用窗簾和冷氣，缺乏火（陽光）；把空間用來建築砍掉樹木，所以缺乏木（樹木）；另外，花園變車庫、草皮貼磁磚，所以缺乏土（綠地）。這種種的弊端，都應夠過雅致格局來解決，人類才能重拾「住」的幸福！

一　樹木、盆栽

　　雅致屋宅必然樹木花草盎然，增添花香鳥語的氣息。其中樹木（盆栽）不只是增添氣氛之物，對陽宅更有重大的影響，一般家庭都會用它來活絡磁場甚至擋煞避風，真是好用極了！但猶如水能載舟亦能覆舟（見「活水格局」），樹木也是一樣，如果庭院草皮修整得宜，屋宅洋溢新生氣息；相反的，如果樹木橫長、亂草叢生，反是破敗之象！原因無他，因為樹木白天屬陽，

晚上屬陰；活木屬陽、枯木屬陰；葉屬陽、木屬陰；小樹招陽、大木遮蔭⋯⋯，所以樹木照顧不當，必然反陽為陰，對陽宅當然不利了（木材加工製成家具屬中性，無妨，家庭適合使用）。所以應該謹記，樹木花草是輔不是主，過大、過多、蔓延、擋門面、礙視窗動線、奪屋宅本色⋯⋯都是不吉。

古人有言：「桑松柏梨槐，不進府王宅。」桑者喪也；松柏墳木也；梨者離也；槐者木之鬼也。所以先來談哪些樹木適合種植，適合陽宅的樹木稱為「陽木」，適合種於陰宅（墓園）的稱為「陰木」，陽宅當然種陽木。

陽木多屬常年綠植物，特色是多屬熱帶或副熱帶植物、秋冬不落葉，葉大色綠，因其葉圓且厚或闊大，呈現祥瑞徵兆，如：萬年青、金錢樹（美鐵芋）、招財樹（美國花生）、榕（榮）、桂（貴）、樟（彰）、金桔（吉）、竹（君子）等，不但四季都能綠化庭院，而且名字意涵吉祥，適合栽種。另外，桃、榕、楊、柳，除了美觀，也有制煞的功能，也很適合庭院種植。

陰木多屬寒帶或高山植物，其特色為葉小如屑或尖長如針，秋冬色澤較黃或轉枯凋落，如：松、柏、梅，多植於墓園，不適合陽宅。又如夾竹桃、雞蛋花、鳳凰木、相思樹⋯⋯等有毒的植物要絕對避免，又如秋冬落

葉成禿的樹木（如落葉松）也不宜陽宅，葉子堅硬又形如長劍（箭）傷人傷宅也不宜。

再來談一些樹木、盆栽應該注意的地方。首先，「樹大傷宅」，屋宅內外樹木絕對不能大，因為樹大根長，必然侵犯地基，使屋舍危險。此外，樹大必然遮陽擋風，使家裡沒有充分的光線和氣流，而且樹大，宅運氣場為其所奪，屋宅必然清寒。此外，樹木也不能太多、密集，會有陰森感，有詩云「一望山多竹，能生夏日寒。」可見陽宅種樹應該適當，不可適得其反。所以，大樹、樹叢只適合在宅外遠處欣賞，屋宅內外的樹木千萬不可擋住門、窗、路，也不要遮陽、擋風、掩視線。

此外右邊樹要高於左邊樹木，左方高陽氣旺，則主人得權、家中長幼有序，倫理調和；反之，右方高陰氣旺，則小人作祟，惡僕（友）欺主、家中乾坤顛倒、易生爭執。高的樹木應該以靠圍牆邊為主（又以左邊為佳），如高樹位於庭中，則屋宅兩分，家人離心；如果樹木高過圍牆，則不能再寬大，否則整個門面就被樹遮掩住了。此外，樹木、盆栽等庭園設計，也要符合「前低後高」原則，如此便能層次分明、神清氣爽、納氣藏風；反之，前高後低，便給人「蓋頭蓋臉」、繁雜鬱悶、阻礙氣流之感。總之，樹是用來活絡屋宅的，不能

反而擋住屋宅的天日、門面，更不能反客為主，吸納屋宅的能量，所以應該時常修剪。

再者，室內盆栽經常有屏障、擋煞的作用，但盆栽若過於高大，除了佔空間外，視覺也不好，所以應該大小適中，至於應該多大、多高，則視環境需要而定，在入門當阻牆的，高大一點，才能阻隔氣流直沖；要用來拉高地勢低下而設的盆栽可以細高一點，其他裝飾活絡用的盆栽，則可以小巧。

因為樹木同時具備陽性和陰性，所以要擇陽棄陰，譬如，葉子因為能行光合作用，是陽；幹枝不能行光合作用，是陰；所以樹木盆栽如果翠綠的葉子少，枝幹大，不要說美化功能不足，活絡氣場的作用也不大。此外，宅內樹木可以繞上紅線或掛上吉祥飾物，使它能展現更多的陽性出來，至於屋外的樹木則崇尚自然，就不用任何裝飾了，但如要裝飾亦無妨。

宅內如果有直沖、風大、溫度高、濕氣高，甚至金屬冰冷、殺傷氣高的地方，都可以用樹木來吸收多餘的氣。但植物也是生命，所以必須經常保養，譬如，室內的盆栽應該輪流拿到戶外接受陽光和自然風澤，才能保持長青和旺盛，而室內的氣也因為透過盆栽的輪換而得以經常新陳代謝。宅屋和室內的氣場是否旺盛，觀察樹木、盆栽便可以得知，所以顧好樹木盆栽，也是活絡陽

宅氣場的指標。

◆二 庭院、陽台

　　庭院與陽台可以保護家宅，也可以美化家園、活絡氣場，所以應該重視整修，如果門外或牆外就是道路，可以在門宅外圍略加裝飾，擺些盆栽花木，可以增加上述的功效。

　　庭院可做花園，但不宜做水池，因為水屬「陰」，不喜入「陽」宅範圍之內，如果真要做水池，則不要大，而且要「陽化」，如有活、動之物，並有山來鎮（土亦剋水），旁可種植楊、柳、桃、竹，裡面可植蓮花來化煞，還可裝設紅色裝飾增添陽氣，所以不只是一個水池，而是一個活動的山水造型，並且應置在左（龍）邊，因為龍從水。

　　庭院地面不宜直接見到土壤，除了土壤會增加家裡的灰塵外，土壤會吸熱，夏天土壤吸了熱氣直到晚上才又慢慢散熱，整天燠熱難當；而冬天土壤吸了陽光熱氣，屋子就缺乏溫度了。此時地面可以種植草皮，讓草皮來降低灰塵、調節溫度，如此才可冬暖夏涼，但草皮的草一定不能長，一長就藏污納垢，居蟲躲蛇，而且草一長陰氣增重，所以草長的地方，總是讓人感覺荒涼，

故以一兩吋左右的草種為宜。

庭院以植草種花最佳，綠地可以增加屋宅的「土」氣，萬一還是必須鋪上地磚，則以黃色系為佳，符合大自然的味道；地磚不能是平滑型，以免滑倒，尤其庭院經常有雨露沾濕或用水沖洗，更應注意避免潮濕滑倒。如果不鋪地磚，也不宜在庭院鋪碎石，因為碎石角多且尖，被視為不祥之物，會擾亂氣場，並增加波折性，所以庭院裡的石頭，如是碎石，應為圓的鵝卵石；如為大石，應注意它的稜角已經去除，如此才能達到石頭「鎮」的功能。

屋宅的門外或戶外如有尖銳、高聳、能量外射、不祥的物體、建物相沖，就可在大門兩旁或庭院裡擺盆栽或石頭擋煞，但擋煞用的盆栽，盆座應用石土做成，並且厚重篤實，樹木則應堅挺旺盛，分量要足夠，這樣功效才會彰顯；石頭應該渾圓，若為石製品亦無不可，又可增加美觀，但石磨、石臼不宜，好事多磨、多擊，裸露的藝術品當然也不宜，春光外洩。而盆栽、石頭都不可置於庭院或動線中央，不然就反而變成阻礙了。

現代人經常需要將庭院當成車庫，此時地面亦以草皮為佳（有土氣），如果要搭棚子擋雨，也不宜全封，可以只蓋屋頂（可挑高），並採透光建材，而周邊還是留空，盡量保持庭院見天、見光性。

庭院最該注意風水損害的地方便是因爲潮濕而發霉、長苔；角邊堆積沙塵、水漬；留有枯木、殘枝；牆面皸裂、滲水。以上應該經常清除整理。另外，庭院長條形花架、石板擺置的方向應該橫向門面，不要直向門面，這個原理在很多地方都用的到。

庭院圍牆不可過高，過高氣囚，好似監獄，伸展不開。如果眞有肖小橫行，可在圍牆上加裝防護措施，不需加強圍牆高度。有人在圍牆上裝玻璃尖或尖刺防賊，屋宅銳利傷人之氣鋒芒畢露，讓屋宅成爲「凶宅」，當然也是不好的。

後院盆栽樹木可略高於前院，使之成爲「前低後高」之勢，但仍以不超過屋舍高度與擋住門窗通道爲原則，其餘道理與庭院同，可自行參酌。屋頂闢成空中花園，不但美觀又可以冬暖夏涼，很不錯，注意事項同前。

陽台、窗台擺設盆栽亦不錯，美觀又能增加內外界的緩衝，但不宜擺設過多、過大、過高，以免遮住門戶；居家對外的牆頭爬滿花朵，或樓上陽台掛滿盛開的花，透過欄杆向外展姿，迎風搖曳，頗有「滿園春色關不住，一枝紅杏出牆來」的況味，而且容易引人側目，引起不必要的覬覦。盆栽也不宜擺在正中，不但將門窗分成兩邊，也變成從屋內望出去有阻礙物，所以應置於兩旁；也不宜是過於鮮豔的花，亦引人緋色遐思，心神

不寧。鮮豔花朵的盆栽、裝飾一般都以內賞不外露爲原則較佳。

三 花之物語

　　雅致的屋宅當然少不了花，不管是庭院的花，或室內的花，都能增進屋宅的美感。花卉的美麗和芬芳會令人心曠神怡，是居家很好的裝飾，習俗上也常用花卉來添喜和避邪，花卉是有機的，所以趨吉避凶的效果比物品的吉祥物好，陽宅上可多利用。但花卉也能「招蜂引蝶」，所以在庭院裡種植花卉的原則便是「不要過度招搖」，以免色不迷人人自迷。

　　種花首先必須注意的是，種植或擺設的花到底有什麼意涵？選對的花，才能有對的喜氣，這可以參考本節後的補充。

　　再者，就是藤蔓，有些庭院，甚至牆、架、門、窗、柱、簷等，都爬滿藤蔓植物，一說木材屋爬藤蔓不好，石材屋可化石器之堅，所以吉，但實者都不吉。因爲植物有陰陽二性，到了晚上，「陽」宅外面覆滿陰物，不吉。此外，藤蔓糾糾纏纏，剪不斷，理還亂，好似小人與愁緒一樣，在象徵上也不好；同時，藤蔓有偽裝、掩飾的效果和意涵，也不符合陽宅應該正大光明的

特質。最主要是，陽宅講究正派、光明、乾淨、清爽，藤蔓內藏有蚊蟲、濕氣、灰塵，實質上弊多於利。說它視覺美觀，卻又奪了房舍原本的造型，正所謂「惡紫之奪其朱」，違反應以房舍為主題的陽宅先決條件。再者，如果用特殊的照相技術我們都可以發現物體會發出自己的能量場，屋宅當然也是，可是藤蔓覆在屋宅上，卻好似一個膜覆在上面，限制並改變了屋宅散發出的能量光，會使屋宅的光彩不能輝煌，所以藤蔓跟樹木一樣，千萬不能縱容成「蔓多宅衰」。藤蔓植物若為葡萄、絲瓜、瓠瓜，如不要多，因其葉大、其果吉祥，在屋宅邊邊小種一些倒是無妨。

家中也可以種植菖蒲、茱萸、艾草、小槐花（抹草），傳統上都用它們來避邪；向日葵、桃花能向陽、納陽，也有很大的光明效益；蓮花有宗教意義，也能制煞。有些花雖然漂亮，卻有毒，如：杜鵑、鳶尾、中國水仙等，種植前得三思。

在室內，一般喜用插花，插花當然也要先考慮花象徵的意涵。花雖嬌美，但其實有些花需注意，如玫瑰、薔薇美而有刺，有刺的植物都有制煞的功效，兩者是比仙人掌更好的選擇，家裡種仙人掌似乎不太合適，因為家人之間應該親愛相依，如有誤會應該溝通化解，不該彼此排斥。但有刺的植物會刺小人當然也會刺貴人，玫

瑰、薔薇也不例外，這時可置在「小人方」，也就是「白虎位」的邊邊，置於邊邊是不要動輒傷人，置於小人方是爲了刺小人。

此外，插花的花枯轉陰即應丟棄，不要使用乾燥花、枯樹枝美化，因爲它們屬陰。此外，花的擺飾不能過高，因爲花木晚上都轉陰，所以切莫高舉；現在有些壁型盆栽，除了特殊用途外（如化樑氣、擋煞、拉高地勢）都不宜高掛，有人習慣將花盆擺上櫥櫃頭、牆頭，此都不宜，同時這樣也有掉下來的危險。

花卉花盆不要擺設過高，有人習慣將花盆懸吊起來，這得注意安全，而且花卉離地面愈遠，也離生命之源（土）愈遠；此外，將花盆高掛枝葉下垂，雖有藝術氣息，但氣場不升反降，也是不好的。

很多人家裡擺假花，增加美觀，但花主情意，假花則虛情假意，所以必要時少許美化雖可，但太多則家裡情意蕩然不存，感情岌岌可危；而且假花假草不易清理，久了堆積灰塵，對身體健康亦不良。

花卉是感情與桃花運的催運者，種些秀麗的花卉並照顧好，未婚者有正桃花，已婚者還可以高唱「我的家庭眞可愛」呢；如家裡感情不睦或有情愛糾紛，則應該減少鮮豔的花朵，改以草本植物爲宜，以免又再花語聲聲催了。

補充：花語錄

百合花：純潔、高尚、百年好合，有如真心的情
　　　　人潔白。
玫瑰花：愛情、勿忘我、不要忘記我、真實的
　　　　愛，白色—尊敬、粉色—初戀、紅色—
　　　　熱戀。
波斯菊：永遠快活、瀟灑俐落，輕盈大方喜悅，
　　　　如花似夢，浪漫的感覺，白色—純潔，
　　　　紅色—多情。
蝴蝶蘭：美麗奪目，象徵純潔高貴，豐盛快樂，
　　　　吉祥與長久，璀璨奪目，耀眼亮麗。
劍　蘭：幽會。
蝴蝶蘭：祝你幸福。
七里香：我是你的俘虜。
三色堇：愛的告白、想念我吧。
薰衣草：請回答我。
鬱金香：愛的寓言，紅色—愛的告白、白色—失
　　　　戀中、黃色—渴望的愛，紫色—永恆的
　　　　愛戀情。
天堂鳥：戀情中的男人。
康乃馨：紅色—祝你健康，桃紅色—熱愛著你，
　　　　黃色—侮蔑，雜色—拒絕你的愛，白色
　　　　—懷念亡母。
聖誕紅：祝福。
向日葵：愛慕、崇拜、我深深愛慕著你，畢業花
　　　　束代表前途光明。
香水百合：偉大的愛。

風信子：恆心、嬉戲、競技、得意，具有濃郁香
味，布望對方親之，粉紅—傾慕浪漫宜
送情人，淡紫—輕柔喜愛浪漫。

星辰花：又稱勿忘我，永不變心，象徵友誼萬
歲，濃情厚意，愛你彌深，幾乎已成為
一種國際語言。

秋海棠：思念。

海　芋：宏偉之美、幸福、情秀挺拔，白色—淡
雅情新，黃色—高貴清純，風格獨特有
藝術品味。

萱草（金針花）：媽媽你真偉大。

滿天星：衷心歡喜，配玫瑰：情有獨鍾，配蘭
花：虔誠，配百合：熱忱，配太陽花：
堅忍耐久，配海芋：脫俗。

薄　荷：再愛我一次。

薄雪草：念念不忘。

雛　菊：活潑、愉快、幸福、純潔，嬌小玲瓏，
優雅柔美的花，樣式豐富，以淡雅配
色，混合多彩繽紛。

紫丁香：初戀、無瑕、純潔高貴大方，想起初戀
的她，為高價位的稀有的花卉，用於特
殊場合。

紫羅蘭：永恆之美、請相信我，粉紅—傾慕溫
馨，淡紫—輕柔浪漫多情，紅色—鴻運
當頭。

油菜花：加油。

雞冠花：我引頸等待。

蒲公英：分手、別離。

瑪格麗特：期待的愛。

洋水仙：美麗但虛僞、自戀，一般節慶場合爲相
　　　　當好的花禮，情侶較不宜。

石　榴：成熟美。

虞美人：纖細天眞無邪，天生麗質，嬌小柔美，
　　　　晶瑩剔透，惹人憐惜，用於鄉村田野自
　　　　然風格的設計。

翠　菊：歡愉、眞理，適應力強，具陽剛之美，
　　　　有季節性。

小蒼蘭：清新、舒暢，香味高雅，醇而不濁，清
　　　　而不膩，優雅飄逸，引人遐思，如亭亭
　　　　玉立的小美人。

大理花：善變、不安定的心。

大飛燕：亭亭玉立、美麗耀眼，爲眞情浪漫感動
　　　　的最佳代言者。

山茶花：謙讓、美德、可愛。

千鳥草：溫柔的問候、萬紫千紅般似小鳥飛舞，
　　　　粉紅—傾慕溫馨，淡紫—輕柔浪漫多
　　　　情。

千日紅：不變的戀情，爲古典傳統豔麗的花卉，
　　　　喜慶宴會最佳搭配，象徵吉祥如意，喜
　　　　氣洋洋。

天竺葵：愛情。

姬百合：快樂、榮譽，豔麗高貴中顯純潔，氣質
　　　　高雅卓然出眾，四季皆宜。

馬可波羅：戀愛的來臨，粉白色系的東方大型香

水百合，色彩浪漫柔和，高貴華麗，爲
最美麗耀眼的花。

麥稈菊：銘記在心。

紫　苑：懷念、追想。

矮牽牛：有你，我就覺得溫馨。

火鶴花：熱情祝福，宜送3、6、9株，取其三不
　　　　盡，六六無窮，長長久久，不宜種單枝
　　　　或白色。

太陽花：神祕、抱歉，以紅色粉色爲主，一年四
　　　　季皆宜。

卡多利亞：你眞美。

白頭翁：喜悅、歡樂、豔麗優雅，古典復古風
　　　　格，花型創造繽紛浪漫色彩。

仙客來：羞怯的心、耐人尋味。

百子蓮：又稱愛情花—愛情來臨，淺紫色—高貴
　　　　大方，具浪漫夢幻感覺，質感氣派高
　　　　雅。

吊鐘花：再試一下。

無　暇：爲愛侶帶來內心寧靜與喜悅。

杏　花：少女的慕情。

忍冬花：全心全意把愛奉獻給你。

金魚草：活潑熱鬧。

松蟲草：眞摯的愛，輕盈美麗飄逸，色彩輕柔浪
　　　　漫，清秀優雅不落俗套，使人傾慕和心
　　　　儀的花。

孤挺花：渴望被愛。

非洲菫：關懷我吧。

香豌豆：相思、真愛，新娘捧花使用最多，時常
　　　　心中有你，喜歡一起浪漫，相當優雅柔
　　　　美的花。
桔　梗：不變的愛。
愛麗斯：鳶尾，好消息，朋友轉業遠行搬遷，人
　　　　生將更美好，勇於追求愛情，紫色—表
　　　　對對方愛意，黃色—表友誼永恆。
蕾絲花：惹人愛憐。

（本資料取自：行政院農業委員會臺中區農業改
良場）

第七章
靈動格局

　　漢民族講究讀書、科名，同時也講求智慧、玄學，所以對於如何增加思考、靈動的格局十分重視。研發、創作、動腦、工程師、參謀、學術、玄學都是智慧格局的人。

◆一 轉動、隔音、防震

　　靈動格局之人的「動」，主要是頭腦的「轉動」、精神的「靈動」，而非身體的「移動」或肢體的「運動」，好似「電腦」的運作與「機械」的運作並不相同一樣。所以住宅喜歡的動態，並非熱鬧嘈雜、門庭若市，或市井的川流不息（那是「武市格局」），而是屬於精神的敏捷，能夠時常保持頭腦的轉動而不停歇。

　　對於居住地區的選擇，有人適合住在流動性強的路邊，有人適合住安定性強的郊區，但靈動格局的人必須同時擁有「轉動」和「寧靜」兩個特質，缺一不可。流動使人頭腦源源不絕的運作，寧靜使人靈光乍現；但如果只有流動易流於焦躁，只有寧靜易流於沈寂，所

以必須兩者兼得，因此靈動格局的人適合「鬧中取靜」或「靜中有動」。若居於市區，則不宜居於道路旁，而以路邊的巷弄內，或社區的內棟為佳，可鬧中取靜；反之，如居於郊區，則以靠近馬路、市集、遊樂區或人多熱鬧的地方為宜，靜中可帶動。

地理上，機場、碼頭、車站、高速公路、大馬路、鐵軌、天橋、隧道、河流、橋樑都有運輸、轉動的功能，但靈動格局的人不宜直接居住在旁邊或附近，因為這是屬於身體直接的移動，但可以住在其外圍，不直接受其干擾，但可接受它流動的磁場影響。工廠、市場、機械的動也不屬於靈動格局的動，但企業、行號、電子的動則屬於靈動格局的動，可以據此選擇適合自己的「好鄰居」，增加自己的氣場。

就屋宅環境而言，若房子四周太熱鬧、車流太多，噪音與震動容易使人躁鬱，可以在庭院、陽台的音震來源一端先做阻隔，如種植樹木、盆栽，或做阻隔牆、防護窗、厚窗簾等。至於屋宅內，可做「隔音、防震」，也就是用能吸震的材質，如中間填充棉類（海綿）、表面厚而粗糙，避免音波與震波一再折射，所以窗簾、紙布壁畫／壁紙、沙發、彈簧床、衣服或書籍的櫥櫃、填充玩具、棉被、絨毛物……等都有吸震效果。雖然地毯、壁毯亦有隔音、防震效果，但因台灣潮濕悶熱，其

內易藏塵蟎，不用為宜，所以可用泡棉墊取代。

相反的，平滑、堅硬、光面的東西，或空箱形的東西（造成迴音），反而「折射、迴音」，使音波、震波一再反射，如金屬櫥櫃、沒有裝潢的牆壁和天花板、玻璃、鏡子、金屬製品、石器、石雕像、空的房間、空的瓶罐箱甕……等，此時可在折射物表面上，裝上防震的裝飾，並避免裡免空置。

家宅裡可以增加隔音防震物，減少折射迴音物，如以木製品取代金屬或石製品等，這樣就能減少噪音和震動，而窗戶、玻璃等，也可以貼上隔熱防爆貼紙，減少震動。

相反的，如果環境太安靜沈悶，可以擺設風車、鯉魚旗；水車、流水、游魚；腳踏車、滑板車增進轉動的氣氛；風鈴、佛塔吊飾不宜大，不宜金屬，因為鳴金頻率高，容易使人驚覺傷神、納陰，所以以非金屬材質為佳。此外，在室內也可用輕柔的音樂、影像、轉動之物來保持心靈轉動的效果。但靈動格局之人用腦過多，家中雖然可有輕柔的感官刺激，但不宜再有過度的聲色與噪音，以免反而引發躁動情緒，產生壞的思緒、思想，進而影響決策的品質和風格。

二 靈動波、電磁波

靈動格局的人因為聰明、反應快，所以應該注意心性的穩定，否則容易智慧犯罪；此外靈動格局的人精神靈感也高，所以亦與靈物感應。因此，靈動格局的人重視宗教氣息，可以選擇附近有大廟、寺院的住宅，來涵養自己的性情，接受正氣的薰陶。但陰廟（萬應公、大鬼廟等）因磁場屬陰，容易受其所煞，所以應該遠離。如果附近沒有正廟、寺院，或有陰廟，應該在家中明顯的地方擺設大量佛書或一兩尊佛像，以招正排邪。住宅附近有學校、圖書館、美術館、科博館、表演館、大書店等文教藝術場所亦有助靈動格局者。

靈動格局喜接觸正善宗教的靈動波，相反的，對電磁波卻十分敬謝不敏。所以家宅附近如有電塔、發射台、變電所，或宅窗前有電線桿、電箱、電線，都顯得較為敏感，此時就應該做好防護措施，如足夠的擋牆、厚簾、樹木、盆栽……，並多擺置上節的「隔音防震」物品，減少「折射迴音」物。此外，床頭不宜擺設電腦、電視、音響、電器、電話，尤忌晚上開機睡覺。

除了電磁波，靈動格局的頭部對氣場流動也很敏感，所以睡覺或坐位時頭的位置要講究，譬如床頭隔牆之外就是外界的路口、道路、河流，或尖銳、不祥物對

沖，對腦波的影響極為不良，應該換個方向，或至少墊個床頭櫃，櫃裡應該儲滿厚實衣物或棉被，以便減震。當然，床頭對室內的對沖也不喜，這些都可以用「迴」的方式處理掉；此外，床頭若直對冷氣口吹風也十分容易昏眩，則可以在床頭前擺設略高的物品擋住冷氣（睡覺時才擺亦可），或在冷氣出風口貼一個紙板，使風向改變。座位的道理相同。

另外一提，靈動格局的人不宜爭排頭，應居第二，猶如孔明雖然神機妙算，卻不與劉備爭天下，反能名垂青史，所以在住宅上或座位上，不宜居於第一棟，而以第二棟為宜，或者不居正中，而在中間偏旁。若已為第一棟，則千萬別在外觀上招搖，引人側目，以免招惹是非；如果不是第二棟，前排亦無妨；如果在後排，則應該加強屋宅「轉動」與「靈動」的特性，以增加運勢。

三 文昌位、書房

靈動格局的人當然最重視「文昌位」了，在五行方位裡，文昌位在東方（木），學生、考生、文職人員、升官謀職等，文昌位格外重要。而民間文昌位的訂法如下（即「綠四」位）：

1. 大門向北方，文昌位在屋宅南方。
2. 大門向南方，文昌位在屋宅東北方。
3. 大門向東方，文昌位在屋宅西南方。
4. 大門向西方，文昌位在屋宅西北方。
5. 大門向東北方，文昌位屋宅在西方。
6. 大門向西南方，文昌位在屋宅北方。
7. 大門向東南方，文昌位在屋宅東方。
8. 大門向西北方，文昌位在屋宅中央。

　　文昌位的地方最宜設爲書房，不然也應該特別布置區分，保持光明、潔淨、典雅，並可擺設獎狀、證書、燈（登）、紅（彩）色綵頭、綵帶、鯉、鰲、龍……等象徵登科的吉祥物。如果無法適當的擺設，也應該保持乾淨、明亮，或適當裝飾登科的吉祥物品，或者貼個春聯「貴」，象徵「文桂」與「文貴」。

　　文昌位最忌淪爲廁所，但如果此事已成爲事實，或文昌位爲樓梯等不可裝潢的地區，則可以加強書房的布置來增加文昌的旺盛。書房「忌沖喜迴」、「忌壓喜高」的原理與一般相同，要特別注意的事項如下。

　　首先，書房不喜與臥室一同，容易引誘主人偷懶，但現代人，尤其小孩，重視隱私，書臥起居經常一室，此亦無妨，但此時床鋪宜小，讀書面積宜大，讓書房作

用大過臥房，譬如，房間裡擺了一張雙人床、大衣櫥，卻只有一個小書桌、小書櫃，就是臥房而非書房；此外，臥房宜暗，書房宜亮，此時當然也要取亮，並且不宜用黃光。

　　書房的位置避免在紛擾之處，不要外面就是大馬路、室內的動線交會處或家人頻頻走動處。書房雖然喜靜，但也喜亮，免得太安靜就昏昏入睡，書房窗戶向東吉，一早陽光就射入，避免小孩睡懶覺，但小孩書桌不喜直接置於窗口，易為外物引誘而遐想。有人喜歡將食物端進書房裡吃，這是非常不恰當的，一方面，這樣吃得消化不良、讀得不能專心，又會以食物之氣與油膩破壞書房的清雅之氣，久之，書房的味道就混雜飯廳的味道，不但不潔，還使人一進去便感到怠惰想休息！所以應該到餐廳好好用餐，順便活動筋骨後再回來，才是兩全其美之事，同理，客廳、臥室、客房……等，也不宜用餐，總之，用餐就在用餐的地方。

　　書桌擺設的位置不宜在門、窗前後或旁邊，容易因為人的進出、走動、活動而受干擾，也易為門、窗外的景物動靜所吸引。書桌大小適中、裝置樸實即可，不必求大、求貴，因為讀書忌諱驕慢，同時書桌寬大、華麗繁瑣、器物眾多，不易專心，反而容易把玩器物，而時間虛度，書房道理與此相同。如有過期的茶葉、咖啡

豆、剩餘咖啡渣，可裝袋置於此，有芬芳、提神、醒腦的功能。

　　至於書房的風格以往著重寧靜、雅致，連帶使主人容易寧靜氣定，但以現代觀點而言，書房「靈動」一點倒也無妨，靈感、創意、腦力激盪比較好，避免死讀書，所以稍微活潑的裝飾、音樂也無妨，但既然是書房，當然還是以讀書為主，其他只是休閒而已。

第八章
神隱格局

　　並非所有格局都講究富貴進取，有的格局反而以寧靜安穩爲第一需求，譬如以老人、小孩、養護、退休爲主要訴求者，或是生性澹泊、修身養性者，反而都講究離世的恬靜。

一　藏而不露忌險地

　　神隱格局的人講究藏而不露，在一個自然舒適的環境裡安穩的養氣生息，所以它對「福地格局」的要求高，應特別注意。接著，在居住地的選擇上，神隱格局喜歡居於寧靜的郊區，因此應特別注意，房舍不能蓋在坡地上、山坡下、河流邊、湖泊旁、低窪處、斷崖旁、斷層上，必須絕對肯定颱風來臨時，絕對不會有坍方、土石流、淹水、斷水、斷電、交通中斷，甚至屋宅移位、地基鬆動坍陷的情形，否則寧願逐漸往市區靠近，直到確定安全爲止，因爲這種天災絕非一兩道防護牆，或一兩個吉祥物所能解決。

　　如果不能寧靜致遠，則需大隱於市居，居於市區

時，應該選擇遠離各種交通要道、人聲鼎沸之處，以巷弄之內或社區的內棟為佳，避免嘈雜的侵襲。現代公寓經常圍著一個中庭而居，結果形成音箱效應，聲音迴盪不絕，音量放大，選擇屋宅時應特別注意。關於噪音防制可參考〈靈動格局〉中「隔音、防震」的防護措施。神隱格局適合居於低樓層，方便起居，也避免危險，同時可鄰近公園、綠園道等行人緩慢休憩的地區，增加合適活動的意願和氣息。此外，應該遠離工廠、貨運站、電塔、電箱……等有形、無形的嘈雜之處。

除此之外，神隱格局「喜平整忌險地」，所以居處不管是在郊區或市區，環境地面一定要整理平坦，不要有斜坡、高梯、或有隆起、凹陷之處，否則應做好防護；忌險地，如水旁（海、河、湖、池、井、大溝、游泳池……）、路口、相對高地（相對而高者，如斜坡頭、樹頂、水塔、高樓層……）、森林、陰廟、急診室、人煙稀少、陰氣旺盛之地（墳墓、殯儀館、焚化場、太平間）……，應該避免前往，否則應該有健壯成人陪同。

而家裡的險地為：廚房、浴室、水塔、電箱、重機械、水塘、水缸、梯口、樓梯、窗台、高樓陽台、天井、高置物下方……，此些地方應加強防護，阻隔靠近；刀尖具應該收納到櫃子裡，勿隨意露光；熱水器

「絕對」不能置於室內或密閉的陽台，千萬要見天，如怕熱水器日曬雨淋可以加些防護。另，神隱格局的人忌動土、施工、修築馬路、重機械活動，乃至廟會、陣頭、遊行車隊、鞭炮聲不絕場合，遇到時應該避之為宜，一說容易「煞」到，實則也易被巨大醜惡形象與高音高震所懾。

對於家宅的布置，應多用柔軟圓融之物，如以沙發代替板椅；以木質取金屬、玻璃或石製家具；選擇沒有尖角的桌椅櫥櫃，或修飾過，除掉尖角；舖泡棉地墊或以木板地板替代瓷磚地板；宅內擺設應簡單，沒有多餘零瑣之物，保持空間與動線寬闊；樓梯口可設小門，樓梯應該有轉角或一較長的平台，人如不慎跌倒才不會一直滾落（如左圖），否則中段應設小門阻擋，此外，樓梯不該用平滑磁磚，應用糙面或磨石，且樓梯每階的前端都應該裝防滑條（溝狀條），產生踩步阻力，減少不小心滑倒（如右圖）。

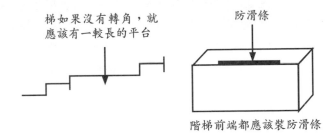

梯如果沒有轉角，就應該有一較長的平台

防滑條

階梯前端都應該裝防滑條

在氣氛上，並不適宜過分寂靜、呆板，以柔和帶點生氣的色調為主，可有自然、田野、郊區風格，或有溫馴的動物，如蝴蝶、兔子、小狗、鹿等裝飾品、圖案調和；光線適中，不宜太亮，但也不宜太暗，可注意窗簾與燈光的控制。偶而可以有柔和、輕聲的聲音或音樂增加生氣。

二 神龕、神像、廟宇

很多家裡會設神堂或神桌、神龕，或擺置佛神像（以下統稱神龕），而神隱格局的人對此的要求較高。

適宜神龕設置之處有三個地方，但同樣的要求都是應該正面、向外，因為正面是主，向外是因為神明原本即應向天。神龕設置處一是最高樓層，正面向馬路的第一間，因為高處為尊，而且少人打擾。二是大廳，因為這是屋宅最正面的地方，空間夠則設神桌，不夠則設神龕亦可。三是窗戶開在正面向馬路的光明之地亦可。

神龕設置沒有一定的方位、位置，尤其現在公寓、洋房很難有十全十美的位置，但可以特別注意下面情形。放置神像的神桌可有頂、背、牆像個房子以為防護，為避免翻覆，神桌應靠牆，神桌並且應該略高，表示尊敬，此處高度可為魯班尺（文公尺）的吉祥位置，

如「財」、「義」、「官」、「本」。未免氣流直沖或人畜侵擾，神桌前可設供桌，除當成阻隔，供桌正面下擺可鋪紅色吉祥布幔，加強沖氣的化解。如果空間不夠，可用一個小神台將神像置高供奉（高度同前），不宜太低，以免小孩、人畜侵擾。

神龕的沖忌與一般同，應多留意，而更應注意不要面向、隔牆是衛浴或水塔，因為水火相剋，大忌。此外，神明與神明亦忌諱面對相互沖煞，所以神龕宜集中一處，不要設在多處，造成互相沖煞，當然也不要在神龕對面前又擺設神像（未開光亦然）；神龕也不要對臥室，兩相妨礙。神龕切勿設在通道上，人來人往，不得清靜；也不可設在陰暗處，不得光明；也不要設在樑下，不得出頭。

神靈主靈動，所以忌電磁波干擾，因此神龕下或緊鄰處，勿擺設電箱、電視、音響、冰箱、電話、電腦……等電器；室外亦不宜面對電塔、電箱、電線桿、斷線等。此外，神龕下雖有空間，但人忌神氣壓頂，所以不要坐人；神龕下乃至鄰近地區，應該保持空間、乾淨，尤忌廁所、垃圾桶、菸酒、檳榔，以免干擾神明，或玷污神明。

關於祀奉的神明也有注意事項。神像不可祀奉雙數，必定要為單數，而且裡面必定有一位主神，其餘為

陪祀，神明不用太多，人多口雜，神多心煩。未開光的神像絕對不可放在神桌上祭拜，縱使不放入神桌，未開光神像也不可祭拜、上香、供奉，以免雜鬼附在神像上。當然更忌諱撿拾外面的神像回家擺置。

既然安了神龕，雖然不用鋪張豪華、繁文縟節，但每日基本的供奉則需如儀；佛、菩薩、保生大帝、恩主公是素食，勿以葷食祭祀；有人以香菸、檳榔、酒供神，此為大忌，正神不食此類食品（有時在廟裡奉酒是犒賞兵將），只有江湖黑道、特種行業以此物供神，但此時他們祭祀的神像入主的也非正神，而是大鬼。香爐應配合神像大小，太大反而擋住神像，同樣的，花飾、供物也不能太大或堆滿神像前，神像反而被擋住、淹沒了。神龕與祖先牌位同一神桌時，祖先牌位置於右，尺寸、香爐、燈光，應小於神像。

有神龕的房間因為插香，所以應該注意通風，以免煙燻不散，影響健康，要保持良好通風，同時也可以用誦經、佛樂、點燈、供花、禮拜等方式，不一定要全部用點香。

有些家中不安神龕，但會擺置佛神像，此無妨，但既不供奉則勿開光，既未開光則勿供奉，但仍須心存敬意，注意佛神像的安全，可仿照上述辦理，但可以不用這麼嚴謹。

神隱格局者重視宗教氣息，如果家裡沒有神龕，則可在明顯處擺置經書，經書擺放應該集中、光明、莊嚴，不可隨意凌亂，似有神佛在一樣。可常至土地公祠參拜，閒暇多至正廟參拜，經常參拜的廟宇不用多，可集中方便的幾家。但陰廟不宜，所謂「陰廟」有：大鬼，如十八王公、林投姐、廖添丁、義民廟、姑娘廟等，已被民間扶正的人塚；孤鬼，如萬應公、萬善祠、百姓公、義民廟，這是祭祀無名塚的；物靈，如石頭公、大樹公、動物廟等。

　　有人說城隍廟、地藏廟、包公廟是陰廟，此乃大錯，因為祂們正神，只是司掌陰職，並非陰廟；又有人說，王爺廟、將軍廟是陰神，當然也是嚴重錯誤，因為祂們都是被策封的正神，哪來陰廟之理？但本段所說之廟宇，因為氣重，小孩確實應該避免前往。

　　此外，所謂「衙前廟後」勿住人，因為官衙（引申今日的法院、警局、監獄、看守所、刑場）和廟宇是氣場最重的地方，所以前後都不適合住人（不只衙「前」廟「後」），因此一般廟宇都會在廟前設一個康樂台或照壁，擋住過旺的氣場，保護周邊居民的安寧。對神隱格局的人來說，「衙前廟後」就更應該避免了，否則住家應有神龕、神像、經書、八卦鏡保護，而身上也應該配掛化煞的吉祥物，如八卦、護身符等。

三 老人、養護、嬰幼房、寵物

　　神隱格局以養護為重要功能，所以重視老人房、嬰
幼兒房、養護房的設置（以下概稱「三房」）。三房的
禁忌與一般同，但有其特殊注意之處。

　　老、幼、養者的體氣較弱，所以房間不必安置於
主人房，也不宜在房子中央，恐其承擔不住。但窗口向
南或向東的房間佳，早上的陽光能普照入房，補充元
氣，如果窗口不向南或東，則床頭面向該方，也有補充
功效。同時，冬天華北吹西北風、華中吹北風、華南吹
東北風，台灣冬天慣吹東北風和北風，所以三房此方向
不宜有窗，如此才能保暖，如果有窗，則外面可加種樹
木、盆栽擋風，或加厚窗簾幫助保溫（強風雖不吹入房
內，仍會吹牆窗散溫）。

　　此外，三房最重視自然的光線和空氣，光線充沛、
空氣新鮮，則住者的身心健康，如果是依賴人造的光線
和空氣調節，並非十分理想，所以三房應該留有窗戶，
以便迎接大自然的能量。但，雖然希望門窗能夠帶進來
陽光、空氣，但並不喜歡帶來風和噪音，所以窗口遠方
可有圍牆、樹木、盆栽，但不可擋住陽光。此外，可在
窗上頭加流蘇擺設，測知風速，門窗上都宜裝上布帘
子，以利控制風的強弱。很多三房經常門窗緊鎖，防止

風吹入，以免妨礙老幼養者健康，但其實老幼養者身上廢氣、瀉物頗多，一會兒就積氣生味，十分不利健康，但照護者非常容易嗅覺疲乏而失覺，所以應該每日打開門窗一陣子直到味道消失為止，並讓空氣新陳代謝，此時注意不要讓他們直接對風即可。

三房注重休息養生，所以不宜設在馬路邊的房間，以免直接干擾，也不適宜設在家裡動線旺盛的地方，否則可參考前節的隔音防震防護措施；床頭不要靠窗、靠門，以免心神不能，並減少干擾。

一般來說，屋宅忌諱人少屋大，否則人的能量、元氣便容易消散在偌大的空間裡，猶如衣寬不能保暖一樣；同時人少屋大，容易產生空虛感、神經質，缺乏踏實的心理，所以房屋空間大小應該與人數成正比，如此才能陽氣均和。對於三房來說，這點必須更為注意，才能避免體氣流失，和產生孤寂與不安全感（不過，當然也不能太狹隘產生壓迫感，或行動不便），如果房間空大，可以擺置衣櫃、書櫥，裡面置滿衣書，或大型柔軟的物品，如沙發、布偶、大枕頭，或擺設淡暖色系的飾物（太紅或太豔不行），如此就有保氣的功能，並增加心理的安全柔軟感覺。

三房的布置應該以簡單為主，避免雜物太多，引發動線不良，或造成危險，否則就應靠牆設計好收納櫃、

置物箱，將瑣物都收入其中，使空間隨時看起來都簡單、通暢，而箱櫃應採圓角，或已經去除尖角、直角。在裝飾上，老人房和養護房可以有些許插花、擺飾品，以增加活力生氣，但不宜置於床頭，也不宜多，因為多了沾惹花粉、灰塵難打掃，不利住者健康；盆栽不宜，任何睡覺的地方都不適宜放盆栽，因為樹木晚上屬陰。而兒童房則並不需要插花、擺飾品，以免發生過敏、危險。此外，三房最忌「繩索」，古說長繩化蛇，其實就是不小心就會勒到脖子或絆倒，所以應隨手養成收納放好的習慣，電線、窗簾線過長則應捲綁成適當長度，並加以固定或塞在隱蔽處。

　　三房最強調的是「窗明几淨」，應該每天打掃清理，隨時保持乾爽，尤其地毯不宜，極易藏污納垢，躲蟲藏蟎，危害安全，可用泡棉墊取代，同樣有柔軟、保溫效果，但卻容易清洗。此外，每隔一段期間即應將床櫃桌台挪開，徹底清除裡邊積藏的塵埃灰蟎，塵埃每成絲狀或球狀糾結在一起，可見其靜電強大，會吸附更多塵埃、水氣，使老護幼者的呼吸、皮膚過敏。又，老、護者的病菌、體味極易到處瀰漫、沾附，如果房間已有味道，即應用肥皂加消毒水（漂白水）清洗所有物品及牆板，並日照通風數天，也可以重新油漆，不過因為日久嗅覺就習慣會聞不出來，所以也可以定期徹底大清

除。

　　此外，老人、小孩並不宜長期同床、同寢，因其習性、頻率、分泌都不同，難免相互干擾，對小孩尤為不好。

　　三房非常注重「溫度」，電扇切勿置於天花板或高處往下吹，會沖擊人的頭部，應該由下往上吹或平吹，而且不可直接吹到頭部；此外，電扇宜旋轉吹動造成氣流來散熱，而非對人直吹來遽急降溫；電扇可以選擇小型的，不用大型的，大型的風強；風速也該特別注意，切莫貪涼，急風直吹兩分鐘，再強壯的人也會打噴嚏。

　　冷氣也是必須特別注意的，冷氣口的實質傷害絕對遠超過抽象的諸物「對沖」，所以床位不宜對著冷氣口，三房的冷氣口宜對著天花板再降下來，並對著牆邊再折射過來，切忌為了省電而對人直吹。如果床位（尤其床頭）直對冷氣口，則前面應該置有高物擋住，或睡覺時用一高物擋住，或在出風口前黏一紙板使風向改向。冷氣保持在28度即可，並應有恆溫設置，溫度一到就停止，否則照護者應該時常察看；此外不可用高風速，應以慢風速慢慢散熱，而非強冷大風解熱。

　　秋天前，在未轉冷前即應添增被物；冬天前，在未轉寒前，即應換上禦寒的棉被。天氣寒冷，房內可增加保暖設備，如電暖爐、抱枕、塑膠（泡棉）地墊板等。

三房如設在樓上，應該有鐵窗防護，但鐵窗應該配合房屋整體造型，才會美觀大方，此外，樓層鐵窗切勿全部做死，應留一兩處活動口，以免發生急難時無法救助。

　　最後，要談寵物，一般有狗、貓、鳥，牠們跟花木、水器一樣，有活絡宅氣的效果，但也有帶衰宅氣的效果，端在養護照料的恰不恰當，尤其有老、幼、養者更因注意，這對他們的健康有很大的戕害。因為人會嗅覺疲憊，因而久而不聞其臭；或人會有感情，因而久而不覺其擾，但外人一來便深聞異味，並深受其害，所以寵物及其居處，如果不潔、騷亂、吵噪，有異味、蟲蚤、毛屑……，便會成為宅中的凶處，並帶來不好的運勢。所以，如要養寵物，除了注意乾淨、安靜、健康外，也要根據屋宅的大小、狀況來衡量飼養的大小與隻數。此外，動物其實也有心靈，也有喜怒哀樂，也會有憂鬱症，如果寵物身心不健康或「早夭」，也意味宅場、家運低。另，寵物其實是「寶」，如「貓帶財，狗來富」，如果將寵物或牠們的後代物棄養，使之成為流浪貓狗，都是對主人有形及無形（包含因果）的傷害。所以養寵物前便應做好審慎的評估，並有照顧「好」（不是隨便養養）「一輩子」的準備，否則害眾生，害自己。

至於蛇、蜥蜴……等怪異的動物，陽宅學上不主張飼養，因為陽宅認為，物以類聚，氣也類聚，所以宅中之物會影響宅中之氣，如宅中多書畫樂神，則家中氣吉；如果多刀劍、豔圖、賭具、銳器，則氣凶，這個道理從現實中就可以體現出來了。所以冷血、怪物、凶猛、不吉……的「寵物」宜敬謝不敏。

　　總之，要將寵物當生命來對待，家中有老、幼、養者更應該注意評估，家中多了這些生命的影響，不可不慎。

第九章
恩愛格局

　　桃花有好桃花和爛桃花，好桃花譬如夫妻恩愛、家庭甜蜜、外出得人緣、人際關係圓滿等；爛桃花則是逾越倫理，如劈腿、上酒家、感情紊亂、不當追求者等，本節要討論如何植立男女之間的好桃花，預防爛桃花。

一　甜蜜憩臥室

　　以往醫院給人冰涼、蒼白的感覺，很多人視去醫院為畏途，光那個環境氣氛就夠駭人了，但現在許多醫院都採柔和溫馨色調，尤其兒童、牙醫診所，還設有兒童遊樂區，讓孩子感覺很卡通，因而不再心生畏懼。其實，家庭的甜蜜溫馨道理也是在此，陽宅如能有溫馨柔美的氣氛（而非奢華或高貴），自然就能增進夫妻、家人的感情。

　　先談夫妻主臥房，所謂「明廳暗房」，是說臥房不宜太亮，但說的清楚點是，臥室不必像客廳一樣陽光直射，了了分明，但也不是昏暗的意思，因為昏暗生瞋，也是問題叢生，所以臥房可用溫和的黃燈泡，需要的時

候明（而非「亮」），休憩的時候柔（而非「暗」），
如此是最恰當的。主臥室的色調不以白色明亮、黑色高
貴，或紅色華麗為尚，因為明亮欠缺情趣，黑色主陰
晦，紅色引人躁動，長期以來，都不利夫妻情感發展，
所以以柔和舒適，適合休憩的輕暖色調為主，但亦不宜
太過豔麗，否則緊繃下來容易日久生煩。主臥房的禁忌
與一般同，不再贅述，只提醒最重要的幾點。

　　首先，睡床不宜直接面對外窗和房門，以免休憩時
疑有外人走動，因而心神不寧，否則即應做好足夠的把
鎖、帘子、屏風，使睡者心理感到足夠安全；臥房的門
窗可用不透明玻璃，或黏上柔美的玻璃貼紙，以保護隱
私，並兼具若干採光。臥房多會放置梳妝台、大鏡子，
因此易被鏡面上的人影驚嚇，或被光線反射驚擾，所以
床頭不宜直接面對梳妝台或任何鏡子，否則可在鏡上裝
薄帘，或掛可愛飾物，用完就把帘子拉上或飾物吊上；
也可貼個大紅字，並在邊緣擺置可愛的裝飾，因為人的
視線會先被大紅字吸引，意識那是鏡子，再看到自己的
影子時，便不會驚駭了；古例新的鏡子都貼上大紅字說
是避邪，其實也是提醒人這是面新鏡子，還不習慣，不
要被人影嚇到。本段所說，也都可用在床上加掛柔美蚊
帳的方法來處理。

　　一般而言，房間不宜大，主臥房雖然需要很多空

間擺置櫃櫥、家具，但還是不宜大，因為臥室一大，人的視覺空曠，心便會漂浮，不易安定，尤其臥室如大過客廳，便主人心不在焉了，如果臥室很大，可以隔間，將多餘空間隔成置衣間，使臥房活動的範圍局限在一個容易互動的區域。同理，床也不能大，如此夫妻才會親密，不會疏遠，彼此能量、氣息才能交流。此外，床應該置於至少有兩面牆之處，形成一個襁褓，使人產生被擁抱的安全感，如果只有床頭靠牆，三邊臨空，便不易有安全感。古代縱使是王公將相的床也都不大，而且有頂、三邊欄柵，只有前緣臨空，便是讓人在睡眠時產生被保護感，並保持能量不要散逸。如果床有三面或四面臨空，就應該裝床頭櫃、床邊櫃，使睡眠時的安全感增加。

「臥房」顧名思義便是睡眠休憩之處，所以夫妻的臥房不該有太多其他功能，如辦公、讀書、運動，或太充備的影音、電腦設施，否則夫妻便容易各行其是，不易同枕共眠，甚至相互干擾，進而影響感情，所以應該將這些功能房都分隔開來。

主臥房雖然講究情調，但不宜放置盆栽，前章提過，只要是睡覺的地方都不宜放盆栽，因為樹木晚上屬陰，但可以放少許插花增加情趣，但仍不宜太多，且應遠離床頭。房間的擺設除了浪漫風情外，也可增加一

些童眞、可愛的氣氛，因爲夫妻的感情建立在生兒育女上是最眞摯甜蜜的，如此也可以增進彼此的承諾與責任感，而非只是性事而已。

任何人的床頭都不宜擺電器、電腦，以免電波影響睡眠；也不宜擺設或面對空花瓶（爛桃花）、神像（斷桃花）；但可以放些花茶，增加氣氛風情，並有香療的效果。

因爲主臥房是生兒育女的地方，有了兒女，夫妻更加緊密成爲生命共同體，所以必須以女主人受到保護爲主要考量，其中最重的便是「水氣」必須控制得宜，以確保受胎、懷孕、產後的安全與健康，現代套房將浴廁設在房中，就一定要注意浴廁與床位不要直沖，並時常除濕。臥室之外，臥房門尤其睡床最忌直接與屋外的路沖，或各種不祥物對沖，也不可與屋中的神明、水地（水塔、浴室、廁所、廚房）直沖，否則就應做好各種阻擋防護，如此懷孕過程便會較順利。但切記，生兒育女的臥房之內不宜隨意放置各種化煞之物，有人喜在房中置八卦、桃花劍來避煞、斬桃花等，但因爲化煞之物本身能量亦強，所以恐會影響入胎，及夫妻的恩愛，因此還是以迴避、阻擋不當對沖爲宜。

二 水地、陽位好桃花

屋宅的桃花位除了臥房外，還有主「水」之地，譬如浴室、廁所、廚房、水溝、水管……等，這些地方如能保持乾爽潔淨，會增進夫妻感情和睦，如果積水污穢，則夫妻感情有損；如果器具有破損，也應該儘早修理。同時，水屬陰，女亦屬陰，所以水陰污穢必波及女主人身體不健康、受孕波折，從中醫來講，婦女疾病多屬水症，所以水要乾且淨，女主人才能健康快樂，感情才能諧和。這些地方可參考「活水格局」。

桃花位還有屋宅的北方，因為北方主水，所以客廳以及家裡的北方應該要打掃乾淨，略加插花或風情的裝飾，晚上可以點個浪漫小燈，但夫妻恩愛如細水常流，牽手一生，所以不必過於冶艷。如果屋宅北方置有嘈雜的馬達、經常循環的水塔等，則應做好靜音設施，並保持水質乾淨與水流通暢，也可將其稍做裝飾美化，增加情趣。

除了照顧好水地桃花位外，陰陽協調也是夫妻和合的重要因素。古代男尊女卑，以尊男來維持家庭的和諧，這自然是不對的觀念，但就陽宅而言，陽氣壓制陰氣卻是家宅和樂的法則，因為人（男人與女人）都屬陽，所以揚陽抑陰便可增進家庭倫理的和暢，因為陰氣

指的還有很多眾多不好的事。風水上，南陽北陰、東陽西陰、左（青龍）陽右（白虎）陰，這是自然現象，也是陽宅法則，因此在屋宅的布置上，遵循這個法則，便能增進夫妻的和合。

首先，因為南方、東方為早晨太陽出現之處，所以這兩個地方應該有門窗，以便納陽，同時屋宅如要起居、住人、擴建，也以這兩個方向為宜。而北方因為有冬風肆虐，酷冷難當；西方有午後豔陽照射，燠熱不堪，所以這兩方可以不開門窗，不是主要活動區。如能掌握南、東兩個陽方多活動，家裡會因生氣較充沛，而更諧和。此外，家宅右邊的地勢、布置、樹木、盆栽等，都不可高於左邊，否則即應施予補救，不然屋宅陰氣便會高於陽氣，而使宅內倫理問題叢生。

其他諸如盆栽、樹木晚上屬陰，所以如果過高，晚上容易陰氣高張，所以壁型盆栽、垂吊型盆栽、插花擺設也不能過高、擺上櫥櫃、牆頭之上，也是同樣的道理。水族箱、水缸、水車……等水物，因為水主陰，所以也不能過高，同時這樣也比較安全。

以上是陰陽之說，而非男尊女卑之說，宅中空間分配還是應該以共享、共有為原則，並不該以男方為主，而應以兩性平等為原則，否則家庭還是難以諧和。譬如，有些學派便以人的生年將人分類，並據此來尋找適

合自己的方向與位置，但這會出現夫妻、長幼等家人需求各不同的情況，於是此時便以長、以夫、以男為主，這便是非常不合倫理的觀念！所以本書便不提倡這種觀念，而是以實際的地理、氣候、地形角度來衡量全家人都普遍適用的陽宅法則，如此才能做到男女都適用，家庭都和樂的陽宅目的。

三 趕走爛桃花

如何驅逐「致命的吸引力」，維持家庭和樂是男女雙方的責任，在陽宅布置上也可以做點預防爛桃花的發生。首先，就臥房來講，房門不要直接與大門相對，否則便容易為外面的氣場所衝擊，影響閨房的和樂；注意臥室窗戶是否易為其他門戶所窺見，而暴露隱私，也讓自己心神不寧；臥房窗外不要有水池，以免水波蕩漾，春心撩動。以上除了可以挪位避免外，也可以用阻擋來加強防護。此外，臥房不要擺設玫瑰、薔薇等，雖然它們代表愛情也很漂亮，但在風水而言，它們有刺，所以不利感情，同樣的，仙人掌等有刺花枝也不行；臥房鏡子太多，人影幢幢，心神不寧，向外求好；臥房擺設宜風情，但不宜煽情，否則慾求不滿足，容易向外求滿足；臥房中不宜有第三者的大相片、海報，如影歌星、

友人等，易引發三心兩意。

　　在屋宅擺設方面，不要放置空的瓶、罐、缸……等容器裝飾，因為靈動中，空瓶必尋花來插，易引發桃色糾紛，所以擺飾的容器裡面可以放置保特瓶的水，或五行全（金木水火土都有）的器物來象徵吉利，並驅趕桃花。空容器上不宜插假花，屋宅中也忌諱擺設太多假花草，因為花是情意，假花則虛情假意，不利男女和合。晾衣服也容易暴露春光，引人遐思，所以如果底衣、底褲真的無理想處掛曬，而必須曬於前面的庭院、陽台，則對外的一層晾一般衣服，底衣、底褲晾於內層，以防人覷觀。

　　在屋宅的進出上，應該以大門為主，後門與側門都是備用的，而且不可比大門大、進出不可比大門頻繁，如果為了方便，不行大門，而以後門或側門為經常出入口，除了有漏財、盜賊、犯科之虞外，也有偷情的潛在陽宅風險因素。

　　最後是花木，庭院的花木不宜高大又過牆，否則妖豔招搖，色不迷人人自迷，徒招煩惱；藤蔓植物到處蔓延主口舌、是非、官司，如果藤蔓植物又開花蔓延，就更主情感糾纏了。

第十章
武市格局

一般營業行號可以分成兩類，一類是辦公、叫貨、貿易、高價等客戶少的場所，稱為「文市」；另一種則是靠人潮做生意的場所，稱為「武市」，開武市或住販合一的居所可特別注意武市格局。

◆ 門面全開、動線齊動

文市生意或格調雅致的門面可以依一般陽宅法則再略做前衛、別緻的設計，但武市格局跟一般陽宅法則並不相同，在此即以「店面」型屋宅為例說明。首先談庭院（騎樓），店面喜歡騎樓和一樓挑高，這樣才會有旺盛的氣勢和對流；武市格局的庭院不宜太深，以免氣流流不進，如果庭院已經太深了，可在不妨礙通行的情況下，放置一些顯眼商品或廣告出來吸納氣場，但千萬不能將騎樓封起來，如此一來氣流繞道而過，就流失了，一些商家喜歡將騎樓全堵或半堵起來作為自己的場域，這就是堵住氣流流過來，沒見過生意因此好的。騎樓前有人行道，一樣要保持通行、出入的順暢，否則便妨礙

生意。

　　再談門面，一般府邸格局喜開一個左門，但武市格局的門面不但可以全開，而且開越高、越大越好，大門開太低、太小，氣息進來少，總之，嘴越寬闊越廣吃四方財。大門的上沿或兩旁也可做玻璃帷幕，這樣也可增加大門開高的效果。但是，門面全開有時有些不便，這時可做一些玻璃帷幕或透視櫥窗，也有開放的效果。但門面洞開難免引來「小鬼」覬覦，所以門口必貼門神神像，做生意的人多半宅中拜土地公或財神爺，別忘了也要同時拜門神守護。關店時鐵門可以做欄杆式而非片幕式，讓磁場持續流動。

　　要特別注意的是，店面前方雖然喜歡全開或裝玻璃帷幕，但店面後方不喜洞開或透明，以免有人從後覬覦，或財氣因而散逸。

　　接著談格局，一般府邸喜方正型，但武市格局喜深長形，好像罐子可以穩穩裝很多東西；如果寬扁形，就好像碟子，東西裝不牢。如果屋宅已經是寬扁形，則裝潢或設計動線時，可以做成橫向移動（如P164圖），這樣就有反轉成深長的效果了。

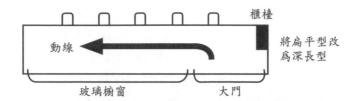

櫃檯

動線

將扁平型改
為深長型

玻璃櫥窗　　　大門

在寬面的後方，可以擺設盆栽來納氣，或裝飾田野、自然、植物的圖畫，來象徵面積的展開，這些畫像的內容也要能納氣，如有動植物、山林、河泊或豐富的內容，不能是空曠、冷清的畫面；當然也可以掛一些納財的吉祥物，如葫蘆、撲滿，或「祿」字的春聯，但所謂「財不露白」，所以葫蘆、撲滿裡面切勿放錢，可放紅紙或吉祥物；同時忌諱「空庫」，所以紅紙可捲成圓柱狀，看起來比較滿。

動線也很重要，府邸格局喜歡「左青龍、右白虎」（左動右不動），但武市格局卻喜歡流暢，除了動線最好可以繞一圈外，通道也最好雙向都可以動，多分幾個動線也無妨。此外，陽宅喜歡入門處有一個阻牆或屏障，但門市應該通透，讓客戶一覽無遺進而吸引客戶，同時大門通達無礙也才能門庭若市，所以也不需要特意將商品櫃擺成阻牆屏障的樣子，一切應該以大開大方為主。

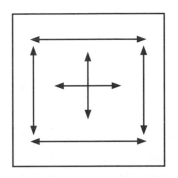

動線應該繞場、雙向、通達,不要設屏障

　　再來談後門,陽宅的開口喜歡「前寬後窄」,前寬廣納四方財,後窄則不易從後洩氣,所以前面門面大,後面門面小,甚至可以闔上,武市格局尤重此局。另外,一般府邸不喜正門直接通後門,所以在動線上轉個彎或擺個屏風、大盆栽即可,但武市格局若前門直接通後門,則應該有足夠的從天花板到地板的隔間阻隔才能得到效果,因為武市格局的人對此要求免難高一點。另有人以為後門瀉財,所以將它封起來或堵住,這是萬萬不行的,除了安全堪虞外,這樣變成死門也不是好事,所以後門不要大、不要敞開、不要進出,要用片幕式的門,不要欄杆門(關不住氣)、也不要玻璃門(透光),可用兩重門,但千萬就是不能封死,否則穢氣無法排出,變成脹氣,接著就上吐下瀉。

二 鬧中取財

　　武市格局的屋宅，最喜位於十字路口、三角窗、大路邊，一樓或低樓層，一切以「熱鬧取財」為最高原則。人潮有益，越巷弄裡邊人氣越少；車潮無益，所以車水馬龍之地如果無法泊車也無濟於事。如果居於不甚熱鬧的區域，則應該「結市」，亦即好幾家一起開張，凝聚磁場才能吸引人氣，或者派出「使者」——耀眼的招牌、廣告、侍者（以前商家的侍者多待在店內，現在則走出室外，就是要拉攏人氣）來接引人潮。

　　對於一般人忌諱的路衝（T字形路口）、剪刀煞（V或Y字形路口），如果做的行業是與五金、鋼鐵、刀械有關的行業並無妨，但還是別忘了在衝擊點上放一顆大石頭（石敢當）或石雕像（較美化）抵煞，並在室內正衝處擺上鼎、石、八卦等制煞物。

　　武市格局講求「鬧中取財」的另一個深層意涵便是「競爭致富」，所以此格局的人不宜凡事畏縮，老想要退居第二，或只吃別人剩餘的生意，但此說並非鼓勵武市格局的人盲目投資，而是應該做積極的規劃，譬如，在鬧區租一個一坪店會比在郊區租一間店面來得更有發展性，但兩者成本卻差不多，所以此局之人應該有積極不服輸、穩建不盲目的個性，而最大的致勝關鍵便是

「創意」。因此，對於販售的商品、擺設、促銷手法，此格局的人都可以有大膽的創新嘗試，由小而大，慢慢走向輝煌的格局。在陽宅上，可提供下列「熱鬧取財」的參考。

為了增加武市格局的熱鬧氣氛，場中可放置一些活潑的吉祥動物，貔貅、公犬、招財貓、金鼠、金豬……都可招財；駿馬、飛鷹、勤牛、公雞……都有勤奮致富之意，以上吉祥物都應該取其「動態」的精神和感染。民間習俗還認為，摸這些動物，還有吉祥的效果呢，如摸頭變得精明，摸耳能訊息靈通，摸嘴能闊嘴吃四方，摸肚吃得很飽足，摸腳很會抓銀，摸腿行動敏捷有力，摸尾巴所求應驗……。台語有一個口訣，動物吉祥物可以像寵物一樣常常摸摸、哄哄：

摸頭乎您起大樓，
摸嘴乎您大富貴，
摸耳乎你賺歸年，
摸身乎您得黃金，
摸腳乎您吃不乾，
摸尾乎您賺傢伙。

此外，在「聲」、「光」，也就是視覺和聽覺上著

手也可增加熱鬧效果。視覺上，布置不一定要花大錢，但從招牌、門面、裝潢、整棟屋宅的「整體設計」，都應該有獨特和吸引人的特質，不要只是掛滿密密麻麻的廣告或商品；又如別出心裁的造型招牌或奇特的招攬物（如寵物店的櫥窗有貓、童衣店有立體的卡通人物）；招牌可以做成閃爍的霓虹燈，吸引路人的注意力；門口除了張貼耀眼、光亮的海報，也可掛鮮豔明顯的招攬物，更可以用動態的娃娃來增加氣勢，或播放DVD吸引客人，人員（也可扮成吉祥物）可以至場外招攬、發放小禮物。在聲音方面，可以播放輕快、熱門的音樂，以音能來活絡場氣，據心理學家統計，快節奏的音樂會促使員工更熱情，消費者買更多、更快呢！總之，將店面設計得容易吸引路人，並且看到後就想進去看看，就比別人成功一半了。

三 商宅財位

每個屋宅都會有財位，武市格局的人當然就更注視了！如果是商家，財位無疑的就是收銀處的櫃檯，它應該設置在人潮動線最少的角落，因為角落會有兩面屏障，財雖是流動的，但財位（庫）卻要求是隱密的，才不會來了又去。收銀櫃檯最好在不要位於門口、出入

口、樓梯口的邊邊，因為這些地方都是流動而非聚財的地方。

　　隨著時代的進步，很多行業為了服務和招呼客人方便，於是將櫃檯設於門旁，「服務至上」、「客戶至上」，這個觀念絕對沒錯，但此時應該注意下列事項。櫃檯不可突出門口或與門切齊，應該在門面之內，以免財氣直接外流，同時靠門口這邊的櫃檯應該封閉（不要可以出入）、擺置高些，並在櫃檯與門口的空隙處放些物品，形成防護與阻隔，使財氣不要直接流出；如果櫃檯邊就是外窗玻璃，應該做不透明處理（如改為不透明玻璃、貼玻璃貼紙、加窗簾或美化），不要讓外人對櫃檯內一目了然，不然財露了白，財氣也散逸了。有些商家門面全開，門面沒有牆壁或帷幕，收銀櫃檯就設在出入口處，整個洞開，想當然爾，不要說財會飄來盪去，最實際的便是引人覬覦，誘人上下其手，這時櫃檯應該做得像座城堡，不易進出，以形成保障。

　　樓梯間與樑下化壓、正對廁所化穢、正對神龕（或神龕之下）化忌，都不適合擺收銀櫃檯。不管櫃檯設在何處，都應該有明顯區隔、防護以及背景的東西，好像一個城堡，不要空空曠曠的，或讓人能隨意進出。至於收銀機，為使客戶方便見到金額總數，所以多會置於前端，但應時常將錢收納到櫃檯隱密處。此外，商家收銀

櫃檯當然最容易成為小人覬覦之處，所以可以擺置公狗（以黑狗、狼狗為佳）吉祥物，不但可以狗來富，還能看守宅庫、驅趕小人。貔貅亦可，貔貅應該一對，象徵財來面向內，象徵化煞面向外，此時又要財來又要化煞，不妨一個45度向內，一個45度向外。土地公雖是商家的財神爺，但收銀櫃檯不可設在土地公下神檯下面，因為神檯下面應該安靜、少動為原則，而且神明壓頂反而不好。

有些公司在大門進去之後，正面就設服務兼收銀櫃檯（如圖），這樣並不理想，太正沖，櫃檯宜置在兩旁以避免大門正沖，如果又有收銀則更不宜。如果櫃檯非置於此不可，則應於大門後、櫃檯前設置小裝飾，讓人繞行，做為緩衝阻隔。同時也可增加櫃檯人員與客戶之間桌面的距離長度，並加高櫃檯高度，加強防護效果。櫃檯有內外兩層型的，內矮層供櫃檯人員辦公，外高層與客戶洽談，此地可用兩層型。

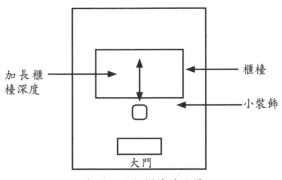

加長櫃檯深度　←　　　→　櫃檯

小裝飾

大門

大門正面設櫃檯的防護

　　此外，正沖型的櫃檯可在兩旁以及正面不影響客戶與動線的情況下，在地面或桌上擺設盆栽，幫忙吸收正沖之氣（此時桌上可以置玫瑰、薔薇化煞，仙人掌不宜，用意太直接）。櫃檯面門處也可懸掛、張貼吉祥物；門口外處，可用門神、吉祥物擋煞，內部可用吉祥物鎮宅。但因為這是公司門面，所以應該注意美觀、藝術，最好讓人感覺是故意美化的。

　　至於住宅，財位在「入口」對角線的牆角，因為這個地方是最「藏風」，也就是宅風滯留的地方。為什麼說是「入口」而不是「大門」？因為有的人在門裡又設了內玄關，內玄關進入屋宅的方向又轉向了，所以要以風進入的口為準。財位有三種情形：

1. 入口在右邊，財位在左斜角對線位置。
2. 入口在左邊，財位在右斜角對線位置。
3. 入口在中央，則視動線，在少人行動的那邊。

　　事實上，現代人的擺設、動線複雜，入口對角線的牆角不一定是最藏風的財位，這時，不妨尋找廳中最安靜、最不受干擾的地方當財位。不論商宅，財位應該特別裝修出來，並布置得光明、貴氣一點，可以「藏風」為佳，好像財氣圍在一個區域裡不再流瀉出去那樣；同時可擺置招財樹等長青樹納氣、不要太大的魚缸／水車／水器活絡氣場；也可擺設招財吉祥物（但不宜直接擺設金銀、元寶等，財忌露白）、黑色（黑主水）、白色（白金生黑水）招財吉祥物，但不宜擺空瓶、空罐，成為空庫。一般人則至少也要裝飾一些吉祥物，或貼個大紅「祿」的春聯。財位很可能遇到樓梯口，尤其樓梯如向下自然更不利，這時樓梯口前面最好有門、隔間、屏風擋住，至少要用長窗簾（即地，不透明）、大盆栽及吉祥物留住財氣。
　　一般商家喜歡將地板墊高，這是沒有必要的，可見「王者格局」中的「喜居高處和挑高」。

第十一章
創業格局

　　上班、工作、商務的處所（以下稱「職場」）也是陽宅重點之一，業務一般分文職與武職。文職多為辦公、行政；武職多為業務、開發，乃至勞動、機械等。文職場可適用一般陽宅原則，但本節更要加強如何「創業」的功能，使大家不只是工作，更是積極開發職涯。

➊ 職場的選擇

　　職場的沖煞忌諱與一般無異，在此要談的是應該特別注意之處。選擇職場時，首先要考量它的前手與外部環境。

　　在前手方面，如果承用舊的職場，要追查前任主人搬離的原因，如果是因為喬遷、擴建等好的因素，則為有利；如果為倒閉、查封等壞的因素，最好做多一些風水的改變。搬到一個舊處所前，都應該先「引風做氣」、「導水做氣」，亦即先以「風」和「水」來改變、清洗一下舊的習氣（尤其前手不良時）。在白天先將屋宅內外門窗、櫥櫃、暗小門、屜箱全都打開，讓

風吹拂進來，並在四角與中央置上水盆（以中間為最重要），播放熱鬧的音樂（佛樂、佛經亦可），如果處所昏暗，則可打開燈光；晚上則關上門窗，但打開「所有」內外電燈（含大門、走廊、陽台、廁所、樓梯間……所有的燈）照亮。如此數天後（視當時日曬、風吹之實際情況而定），用肥皂水略加消毒水、鹽等，將屋宅內外全部沖洗一遍，連牆壁、天花板也不能忽視，最好清理後重新油漆，所有積漏水、破損、燈光都應該修補好。

接著，所有器具依符合陽宅規矩擺置、修飾好後，不用急著駐進，應打開所有家具大小門扉讓加工化學味道消散後，再擇吉日正式駐進，駐進前應該注意通風、日照與活水，保持好能量。所謂「正式駐進」，一般陽宅以安床與祭拜地基主或土地公為儀式，在此之前，床只大致擺上，此時則可正式將床位置正、挪好。至於職場則以掛（揭）牌以及拜神為儀式，掛牌就是掛上公司招牌，或揭去覆在招牌上的紅紙（布）；拜神則是在門外（不可在門內）面向外祭拜天公與各路神明，或前往祭拜當地土地公亦可。

如果覺得屋宅風水不好要重新布置、裝修，也可比照上述方法處理一遍。

在外部環境方面，選擇職場應注意事項如下。首

先，所謂「三家結行，五家結市」，表示職場應該選在同行聚集之處，因為這樣最容易吸引消費者來「逛大街」、「貨比三家」，自然易有生意上門。雖然有些職場的業務來源並非這樣的市集人氣，但市集相聚，還是有助彼此觀摩、比較、競爭，容易激發上進心，譬如一家寫字公司雖然不用市集人氣，但如設在住宅區，員工還是會因缺乏比較心理而缺乏競爭力。

以往的人喜歡在座南朝北的情況下，屋宅外的左（龍）邊有河，右（虎）邊有山，如此則龍得水而游，虎從山而棲，又水主財，山主丁，如此便能財丁兩旺。以現代都會而言，就相當左邊有道路，右邊有高大建築，但這種格局終究可遇不可求，如果不滿意也無法做改變，所以要重視的是「道路」的問題。

首先，職場大門不要面對行車馬路的路衝和高架橋、地下道出入口，因為這些地方是氣分流的地方，沖擊力道較大；再者，職場設在車水馬龍、不易泊車的路旁無益，好像滔滔大江捕不到魚一樣，有人潮的地方反而才是聚氣之地。

以往，宅外河流的流向為由右向左佳，由外向內亦可（但不可構成河沖），如由內向外則不佳，將氣往外流。以現在雙向道路旁的職場來說，道路流向都是由左向右（如P176圖），其實也無妨，反正大家都一樣。

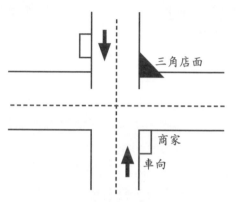

三角店面

商家
車向

現在雙向道路旁的職場，道路流向都是
由左向右，其實也無妨

　　要特別注意的是，許多人喜歡在路口三角店面開
店，這樣四面的人都可以看到，如果是門市生意的話，
這是不錯的選擇，但如果不是門市生意的話，職場就不
需考慮這樣的地點或大樓，因為這不但是兩個路沖、兩
個反弓，同時也是一個「渡口」，氣沖很大，只吃流動
財，在這裡工作的員工也不適宜在裡邊居住，僅止於在
此工作。

　　有志創業、想大展鴻圖、業務工作、尋求訂單的職
場，最好選在熱鬧而非寧靜的地方，因為這樣才能不斷
鼓動自己的意志，向外尋求更大發展。此外，除非做特
殊生意，否則衙前廟後（氣場太重）、地下室（運勢太

低）、加蓋違建（非正位）、尾間（場弱）、郊區（人氣弱）、不祥地（附近有焚化場、垃圾場、廢棄場、荒地……）、特種營業（附近有賭場、酒家、色情場所……）等，都不適宜選作職場，同時對職場所面臨的各種外圍沖煞都應該想辦法化解掉。

二 職場的布置

　　職場裡面的陽宅問題，與一般沖煞相同，但首先要注意的有動線與隔間的問題。在陽宅上，我們會喜歡動線略微轉曲，才能緩風留氣，所謂「曲則有情」，但在講究行動積極的業務型職場，動線上，卻最好是棋盤式，這樣才能敏捷、有精神，但有時囿於單位大小、建築地形無法做到整齊的棋盤式也無妨，總之力求動線的簡捷、通暢。

　　陽宅也講究隔間，但業務積極型的單位除了高級主管、財務單位、保密單位、會議室外，一般並不要太講究隔間。之前曾流行辦公室OA設備，每個職員有自己的隔間，每位主管也有自己的隔間，結果造成嚴重的本位主義與溝通隔閡，所以空間開放、人員集中的方式，反而更有利業務與人員之間的面對面溝通，所謂「見面三分情」，因而展現更多的互動性與親密性。

職場首先想到的是主管室，傳統觀念認為主管室的風水左右公司的興衰，所以應該優先選擇最好的位置，但在積極業務型職場觀念裡，主管室應該選擇最容易一覽、指揮全局的地方，而不是所謂最尊貴的位置。譬如單位主管在業務活動時間裡，都待在二樓裝潢豪華的辦公室，卻對一樓營業場所的活動無從時常掌握，只能憑報表、甚至監視器了解員工活動，這樣所謂「尊貴的主管室決定公司命運興衰」的理論，實在不堪一擊，這時身在辦公室裡的主管便應該經常出來，實際瞭解員工的工作概況，並適時給予指導和指揮。而部門的主管位，當然也是以能綜攬所屬人員為原則，現在很多主管為了分配主管室，所以與部屬位置有距離，再加上隔間重重，主管變成神祕、督導人物，而非親密、指導人物，這種主管與部屬，大多溝通不良，最後走向威權管理，離心離德，道理便是在此。

　　在能綜攬全局的條件下，主管的位置可在東方、南方、左方，因為這是陽方、主方，或者朝南亦可，主管氣勢若弱，則惡奴欺主，或凡事親恭，不能有效發揮管理，所以主管的風水、位置稍大無妨。

　　接著是部門的安排，原則上，財務部應該選擇動線最少的地方，行政部門應該在裡面，業務部門在外面，這樣最適合每個職務的特性。譬如業務部門如在裡邊，

便會有疏懶不想外出的性情；而行政部門在外面，又經常被走動弄得心不在焉，甚至開小差。

　　辦公桌的擺設也有很多理論，譬如不可背後是窗戶（此時可用櫥櫃當成阻隔）、不要在門與窗的前後面、旁邊（易受干擾），但業務積極型真正最大的原則是，**「辦公桌要位在與客戶或洽談者最容易交談的地方，並永遠面向他們」**，除此之外，都是多談。如下圖，譬如行政單位，可以面對面方便協商、交換文件；業務單位的人則應該面向外，方便洽詢者諮商。

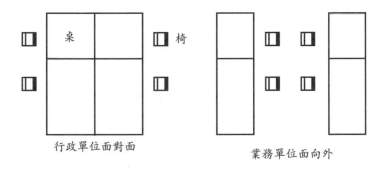

行政單位面對面　　　　　　業務單位面向外

　　有人喜在辦公桌上擺小魚缸招財，這是不對的，因為魚缸一不小心打翻，所有文件都遭殃，所以動作便會礙手礙腳，不利積極工作，此時以小吉祥物替代即

可；又有人喜歡擺仙人掌防小人，但您將別人當小人，別人也將您當小人。所以很有趣的是，擺魚缸的人太有閒情逸致，所以大多不會進財；擺仙人掌的人，反是別人眼中的小人。書桌上除了「公家文件」外，不宜有太多「私人物品」，其實從這裡也可看出一個人的工作態度，譬如有人桌上擺滿了兒女的照片，人在這，心在家，滿口兒女經，聊到工作都忘了。個人辦公桌和空間當然不是不可擺設，而是在能積極工作之餘，再來打點，不能本末倒置，譬如傳統上認為辦公桌左方擺置應該高於右方，但如果實際上，左方要進行面談溝通、傳遞文件，這樣左邊就應該低，甚至空，才能方便，不該限於傳統的說法。

由以上可知，所謂「辦公室（桌）最好的風水」其實就是「業務最便利的動線」，符合這個原則了，再來美化才有意義，如果能將辦公物品吉祥物化就更完美了，譬如用吉祥鎮尺來增加自己的穩定性、將電腦桌布改成自己的吉祥圖案、把自己的吉祥物放到不影響工作的玻璃櫃裡或當成壁畫、吊飾增加美觀、將平面吉祥物壓在透明桌墊下……，如此便能兼顧工作與個人風水了。

傳統上，座位後要有牆，或有大櫥櫃當靠山，但在業務積極型的單位，後面有什麼並不重要，重要的是前

面有客戶（員工也是內部客戶）。如果座位後沒有牆或大櫥櫃當靠山，那就要增加自己的「定著性」，不會隨意被移動，可以放置鎮尺、石器（鎮）、大樹圖片（生根）；也可以選擇有靠背、把手、椅腳寬度大的椅子，讓自己可以坐得更穩，也可以在椅背上貼個「貴」字春聯，表是「背後有貴人」，還是跟「有靠山」異曲同工。但職場裡當然不好意思明目張膽這麼做，這時可以用手指或毛筆沾水來寫「山」，心裡並默唸信仰的神來加持，等水乾了，雖然有漬痕，但卻看不太出來。

　　唯一不適合擺設辦公座位的，應該是高樓的窗前，現在職場常設在大樓裡，並有大片玻璃，但人都有懼高的潛在心理，如果座位在此，心理經常莫名沒有安全感，所以玻璃窗前最好置櫃櫥，隔一段距離才設座位，除了阻隔，也讓人產生安全感。玻璃帷幕大樓雖然採光好，但會讓人有這種恐懼感，所以大樓的外圍玻璃不一定要整片，應該是上面玻璃即可。

　　一般陽宅或文職職場會在大門入口處設阻牆，以緩衝氣場直沖，但門市則不設，以便客戶瀏覽、光臨，所以對積極業務型而言，大門入口是否有阻牆顯得較不重要，因為氣太安穩，人反而閒逸，懶得外出衝業績。但雖如此，還是應該注意大門入口處的玄關應該簡單做出來，讓氣迴轉，並且不要因而前門直接衝後門，如果

中間又過堂門（即走道的門），形成穿堂煞，就更不能聚氣藏風，所以中間的阻隔務必做好，如在牆上貼吉祥物、不影響行動的情況下放盆栽，或改變動線。

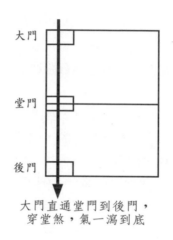

大門直通堂門到後門，
穿堂煞，氣一瀉到底

　　許多職場會在裡邊煮食大家共享，這雖會增進員工氣氛，但職場並不適宜煮食、進食，因為食物的氣味與油膩，會破壞職場的振奮精神，久之也會彌留食物的味道，使人怠惰。所以職場可以另設餐廳或劃定進食區，煮食、進食區在越旁邊越好（在外邊亦無妨），最好通風良好，不然則該裝抽風機，這樣味道與氣氛的影響才會最小。

三 增進職場士氣

　　職場除了辦公、洽商外，如能激發出員工的高昂士氣是最理想的。首先在採光上，自然光線充足員工士氣便不易懶散，如果光線不夠，便應該用燈光補足。除了特殊需求，職場色調應該明亮，不宜用粉色系、暖色系，如果職場太緊張，可以用一些輕色系的布置、掛畫來緩衝，但它們不是主調，只是調和。陽宅的家具以木製為宜，可以保溫、降低冰冷的氣氛，但職場的家具櫥櫃可以選擇金屬製的，可以增進奮發、惕勵的氣氛。台灣一些職場喜歡舖拼裝地毯也是不好的，雖然踏起來舒服，但清理不易，久之萌生異味、藏污納垢，人人呼吸道過敏，所以職場以磨石地板為佳，易清理打水蠟，有堅實的特性。

　　「適當的」綠化職場也能帶來生氣，但切勿將職場植物弄得太繁雜，使人升起厭煩之心，也勿太豐富，會有安逸之心。盆栽不宜大，大會佔空間、礙眼，但因為職場空間大、人多，所以盆栽高度，或壁型盆栽可以比家裡的略高無妨，但還是視實際情況而定。入門、壁角、矮櫃、走道、角落、休憩區、飯廳、廁所，如能略加擺飾小盆栽，辦公室便可以增進很多盎然生氣，但不宜有太多花類，以免浪漫氣質降低奮發精神。

飾物上，可以生氣、活潑一點，譬如飛龍、祥獅、駿馬、翔鷹、朝陽、人潮圖、炮竹、可愛的招財吉祥物……；但猛烈的不宜，如寫實的老虎、猛獸、機艦、戰鬥……，人心會浮躁、不安；太安逸的如自然、風景、夕陽、庭院……，會暗示人休憩，當然也不宜。公司可以製作標語、海報，成為美化的裝飾，但內容與畫面不宜太死板、僵化，可以活潑、創意、激勵，如：「公司因為您而成長，大家福氣啦！」再配上朝氣十足的畫面，便有美化與激勵的雙重功效。

一家公司的人員是否有鬥志與紀律，從兩個地方便可看出，一是廁所，二是吸煙區。廁所是水位，所以象徵公司的財運，廁所清潔、通暢、光亮、沒有污漬，除了有好財運外，員工的心情也自然高漲，相反的，廁所惡臭難聞，說管理、業績會多好，都沒人會相信。廁所應該設在職場外緣處隨時通風，或設在外部亦無妨。如果是公寓式的職場，廁所便應該保持抽風、明亮，穢物應每天下班時處理掉，避免累積生腐。過期的茶葉、茶包、花茶、剩餘的咖啡豆渣，或不要太大的土生盆栽或壁型盆栽，都可以擺置在廁所裡，這樣不但可以有芬芳的味道，多少也能除濕，如果公司的廁所太大，還可以放適量的樟腦丸來化解惡氣（太多味嗆）。

抽菸區屬火，火與水（財）相剋，所以職場裡邊任

何地方都應該嚴禁抽菸，否則財氣有損，因此可在職場外設抽菸區，一般多是在陽台或樓梯間，此時應該確定完全通風，否則亦不該設為吸菸區。抽菸區如果菸蒂滿地、煙灰漫飛，甚至將菸蒂彈到隔壁或道路，自然不利財氣，也暴露人員缺乏紀律。所以這時應該備有菸灰缸與垃圾桶，菸灰缸裡面置水，以確定煙火已經熄滅，人員離開時將菸灰缸裡的穢物清理到垃圾桶。吸菸區和菸灰缸不可置於前門，因為前門是財（水）的入口處，也不可置於任何出口正前方，以免菸（火）氣倒灌、火氣沖門。

有人喜在辦公室播放抒情的音樂或慢的情歌，慢旋律音樂使人腦波跟著安靜下來，絕對會降低工作效率，職場一般而言並不需音樂，賣場和工廠才需要。賣場需要輕快、熱情的音樂刺激人的衝動，產生購買行為；工廠為了安全，不要快音樂（使人手腳出錯），也不要慢音樂（使人手腳遲鈍），一般廣播或平和的輕音樂即可。

附錄
紫微命盤與陽宅格局

　　本篇介紹了各種陽宅的格局與擺設，陽宅準則是通用的，您可以據以用來設計自己的家宅，但從另一方面來說，每個人所需求的陽宅調性又不盡相同，譬如有人適合霸氣高闊的豪宅，有人適合溫馨甜蜜的小屋，所以這時選擇適合自己的風格也很重要。因此，本附錄便要從您紫微命盤裡「命宮」或「田宅宮」中的星曜再搭配工作的性質，來建議您應該特別注意哪些陽宅格局，您可以在網站搜尋「紫微命盤」，就可以找到免費下載命盤的網站。詳見下表。

紫微命盤命宮、田宅宮裡主星適合的格局

格局	主星	輔星
王者格局	紫微、太陽	化權
府邸格局	天府	祿存
光明格局	太陽、武曲	天空、地劫、空亡、天刑
活水格局	巨門、天同	化祿、火星、羅陀
福地格局	天同	左輔、右弼、擎羊、鈴星
雅致格局	太陰	天魁、天越
靈動格局	天機	文昌、文曲、化科、恩光
神隱格局	天相、天梁	龍池、鳳閣、天巫、陰煞、化忌
恩愛格局	貪狼、廉貞、太陰、天同	天姚、孤辰、寡宿、紅鸞、天喜
武市格局	（做門市生意者）	
創業格局	武曲、七殺、破軍	天馬

天地道（5）

簡單住好宅

建議售價‧199元

作　　者：林金郎
校　　對：林金郎
專案主編：水邊
文字編輯：黃麗穎
編輯助理：劉承薇、林榮威
美術設計：何佳諠、賴澧淳
美術副總編：張禮南
副總編輯：徐錦淳
總編輯：水邊
經銷部：林琬婷、吳博文
業務部：張輝潭、焦正偉
發行人：張輝潭
出版發行‧白象文化事業有限公司
　　　　402台中市南區美村路二段392號
　　　　出版、購書專線：（04）2265-2939
　　　　傳真：04-22651171
印　　刷‧基盛印刷工場
版　　次‧2012年（民101）二月初版一刷

國家圖書館出版品預行編目資料

簡單住好宅／林金郎著. 一初版.一臺中市：白
象文化，民101.02
　　面：　　公分.——（天地道；5）
ISBN 978-986-6047-94-7（平裝）
1.相宅
294.1　　　　　　　　　　　101000116

設計編印

印書小舖

網　　址：www.ElephantWhite.com.tw
電　　郵：press.store@msa‧hinet.net